Dialog über das armenische Tabu

Ahmet Insel - Michel Marian
Dialog über das armenische Tabu
Ein Diskurs unter Befürwortung der Versöhnung

© 2013 Kitab-Verlag Klagenfurt - Wien
www.kitab-verlag.com
ISBN: 978-3-902878-17-5
Satz: Michael Soos

Ahmet Insel, Michel Marian

Dialog über das armenische Tabu

Ein Diskurs unter Befürwortung der Versöhnung

initiiert von Ariane Bonzon
ins Deutsche übersetzt von Christa Nitsch

Einleitung

Lange Zeit war der Dialog unmöglich. „Allein schon das Anschneiden des Themas war unvorstellbar", erklärt Michel Marian, der Armenier; „das war ein vorprogrammierter Streit, also schwieg man lieber", bestätigt Ahmet Insel, der Türke.

Denn das massive Verschwinden der Armenier aus Anatolien ab dem Frühjahr 1915, seine Ursachen und Bedingungen, stellen ein Tabu dar, das sehr zählebig ist: fast ein Jahrhundert lang schien es unmöglich, in einer realistischen und nüchternen Weise darüber zu sprechen. 1918 hatte das im Untergang begriffene Osmanische Reich zwar versucht, die „schändlichen Taten" durch seine Gerichte verurteilen zu lassen, einige Handlanger sind dabei auch hingerichtet worden, doch wurde das Ganze recht bald vergessen, als sich die Republik von Mustafa Kemal eine neue türkische und muslimische Identität aufbauen wollte.

Danach wird Europa von anderen Sturmwellen mitgerissen, die zum Zweiten Weltkrieg führen sollten und zu anderen Massenmorden, die – wenn dies überhaupt möglich ist – fast noch schrecklicher sind. Schließlich kommt der Kalte Krieg. Mit ihm senkt sich ein bleiernes Schweigen über die Millionen Armenier, die in der Sowjetunion leben, während ihre Brüder und Vettern in der Diaspora von der Welt die Anerkennung dessen verlangen, was gemäß der Definition des polnischen Juristen Raphael Lemkin seit 1947 einen Genozid darstellt, aber in der allgemeinen Gleichgültigkeit schmählich untergegangen ist.

Doch weder die diplomatischen Maßnahmen, noch der terroristische Einsatz führen wirklich zum Ziel.

Es handelt sich um eine stetig anwachsende Spannungsamplitude zwischen der armenischen Mobilisierung einerseits, die Gerechtigkeit und Reparationen von den Erben des Osmanischen Reiches fordert, und der sehr aktiven türkischen Propaganda andererseits, welche Absicht und Verantwortung der damaligen Regierung leugnet.

Seit einigen Jahren nun schlagen Türken, deren Mehrzahl weiterhin darauf verzichtet, das Wort Genozid in den Mund zu nehmen, Armeniern den Dialog vor. Letztere aber sind misstrauisch, befürchten in eine Falle gelockt und betrogen zu werden. Oft entsteht für sie der Eindruck, es sei dieser Vorschlag zum Dialog in Wirklichkeit nichts anderes als ein weiteres Ablenkungsmanöver, ein neues Instrument zur Verharmlosung des schwerwiegenden historischen Unrechts, das ihnen zugefügt worden ist. Sie befürchten, dass dieser Dialog nur geführt werden soll, um dem Druck des Westens gegenüber den Willen zur Einsicht zu demonstrieren und um in dieser Weise die auf dem Spiel stehende Sache zu bagatellisieren. „Sehen Sie nur! Armenier und Türken sprechen doch miteinander. Das beweist doch zur Genüge, dass die Streitsache nicht wirklich schwerwiegend sein kann", könnte der türkische Staat behaupten. Da er zu riskant wäre, scheint der Dialog also gänzlich unmöglich.

Es ist folglich auch dieses Tabu des unmöglich erscheinenden Dialogs, für das wir hier einen Ausweg suchen mussten.

Diese Geschichte hat im April 2007 begonnen, drei Monate nach der Ermordung von Hrant Dink, jenem armenisch-türkischen Journalisten, der versucht hatte sein Land davon zu überzeugen, dass es mit anderen Augen den in Rede stehenden Abschnitt seiner Vergangenheit betrachten möge. Zu jener Zeit war ich in Istanbul, an den Ufern des Bosporus, bei einer Begegnung zwischen türkischen und französischen Intellektuellen zugegen, die sich in einem eher bescheidenen Rahmen abspielte. Als Michel Marian das Wort ergreift, vermittelt er den Eindruck eines bedächtigen, aber entschlossenen Mannes, der in seiner Rede das zur Sprache bringen wird, was seiner Reise hierher, in dieses Land, das auch dasjenige seiner Vorfahren ist, einen unzweideutigen Sinn verleihen muss. „Meine Familie stammt aus Erzurum. Sie musste die Stadt aufgrund des Genozids verlassen", kündet er gleich zum Auftakt an. Dieser Satz führt notwendigerweise zu einer Erregung im Saal. Der Begriff Genozid muss natürlich verstörend wirken. Die Mehrzahl der Türken weist ihn von sich und benutzen sie ihn doch, können sie noch heutigentags, wenngleich immer seltener, vors Gericht zitiert werden. Aber auch die Erwähnung von Erzurum ist äußerst bedeutungsvoll: denn in Erzurum wurde ab 1915 eine der massivsten Deportationen der Armenier organisiert und in Erzurum kam es dann auch zwei Jahre später zu den antitürkischen Ausschreitungen seitens der Überlebenden des Genozids; und schließlich war Erzurum auch der Schauplatz der ersten militärischen und politischen Erfolge der späteren kemalistischen Revolution.

Ahmet Insel ist ebenfalls als Gast der Franzosen zugegen: er hört und versteht Michel Marians Worte.

Im folgenden Jahr veröffentlicht er gemeinsam mit drei weiteren Intellektuellen aus Istanbul – alle vier sind frankophon – einen Brief, in dem sie die Armenier für die „Große Katastrophe" von 1915 um Vergebung bitten[1]. Fast 30 000 Türken setzen ihre Unterschrift unter den Text. Eine Geste des Mitgefühls mit den Armeniern? Es handelt sich dabei vor allem um eine Aktion von politischer Tragweite, die den Willen zahlreicher Türken zum Ausdruck bringt, ihre offizielle Geschichte – dies fragwürdige Ergebnis einer türkisch-muslimischen Identitätskonstruktion – zu revidieren. Gegenpetitionen, Gerichtsverhandlungen, körperliche Bedrohungen, Beleidigungen, Hackerangriffe gegen ihre Webseite – den Initiatoren der Entschuldigungserklärung bleibt seitens der eingefleischten türkischen Nationalisten nichts erspart.

Michel Marian liest in Paris den Brief, der die türkische Bitte um Vergebung zum Inhalt hat. Mit weiteren sechzig Armeniern begreift er, dass die armenische Diaspora gegenüber der Verleumdungskampagne, deren Opfer Ahmet Insel und seine Gefährten in der Türkei sind, und trotz der bezeichnenden Aussparung des Wortes Genozid im Text, Stellung beziehen muss. „Dank an die türkischen Bürger", werden sie also einen Monat später im französischen Tagesblatt Libération antworten[2]. Die türkische Initiative verhallt somit nicht im leeren Raum, sondern löst in Frankreich ein Echo aus. Von nun ab unterstützen armenische Demokraten türkische Demokraten. Etwas ist in Bewegung geraten.

---

[1] Cf. Anhang 1, S. 192.
[2] Cf. Anhang 2, S. 196.

Ist demnach ein echter Dialog schließlich möglich geworden zwischen zwei Menschen, von denen der eine das Wort Genozid ausspricht und der andere nicht? Läuft der Dialog nicht Gefahr, sehr bald ein weiteres Mal in gegenseitigem Unverständnis stecken zu bleiben, in Handgreiflichkeiten auszuarten? Oder was vielleicht noch schlimmer ist: sich in hohlen Höflichkeitsfloskeln aufzulösen? Als ich den beiden das Projekt dieses Buches vorstellte, waren meine Bedenken nicht unbegründet. Ich kannte ihren Mut, ihre Bildung und ihre Klarsicht. Doch würden ihr guter Wille, ihre Offenheit ausreichen?

Das, was ich nicht wusste, war, dass zu unseren Treffen in diesem Frühjahr 2009 Michel Marian und Ahmet Insel nicht alleine kommen würden. War das Tonbandgerät einmal angeschlossen, saßen sich am Tisch meines Wohnzimmers nicht bloß zwei Männer von heute gegenüber, sondern eine Vielzahl von Gestalten der Vergangenheit, zu denen vorrangig die Großväter der beiden Gesprächsteilnehmer zählten: Garnik Aslanian, Sohn einer angesehenen Persönlichkeit Erzurums, der auf wunderbare Weise dem Genozid entronnen war, und Ahmet Faik, Mitglied im Komitee für Einheit und Fortschritt und ein Kemalist der ersten Stunde. Mehrmals wollte mir scheinen, sie seien es eigentlich, die der Stimmen dieser zwei Männer, ihrer Enkel, sich bedienend den eigenen Gedanken Ausdruck verliehen.

Denn Michel Marian und Ahmet Insel haben einander zunächst erzählt – etwas, was man nur allzu oft zu tun vergisst. Sie haben vor einander ihre jeweilige Familiengeschichte entfaltet, der eine die armenische, der andere die türkische, wobei die zwei Familien jeweils an einem der beiden äußersten Ränder des Osmanischen Reiches lebten. Keine der beiden Familien sollte von den Stürmen und Umwälzungen des beginnenden 20. Jahrhunderts verschont bleiben. Jene von Michel Marian war fast vollständig im Genozid von 1915 vernichtet worden und die Überlebenden konnten über Russland entkommen, um auf diesem Umweg schließlich Frankreich zu erreichen; jene von Ahmet Insel, teilweise Opfer des türkisch-griechischen Konflikts vor und nach 1914-18, lässt sich später in Istanbul nieder. Die Geschichte dieser beiden Familien, so gegenwärtig im Bewusstsein ihrer Nachkommen, vergegenwärtigt uns eine fast gänzlich unbekannte Seite der europäischen Geschichte.

Und im Verlaufe des Gesprächs evoziert ein jeder der beiden den je eigenen Weg von der Kindheit zum Erwachsenenalter, vom Schweigen zum Zorn, von der erträumten Revolution zum persönlichen Engagement. Keine der Fragen, die Armenier und Türken bewegen oder gar empören, wurde übergangen. Es gibt zahlreiche Übereinstimmungen, zahlreicher als man zu Anfang hätte vermuten können, aber die Unterschiede sind unleugbar auch da – und für sich genommen, ist jeder Unterschied eine Barriere zwischen den beiden Lagern.

Dieser Dialog findet nämlich vor einem bedeutungsschweren Hintergrund statt: wird nicht die Anerkennung des Genozids durch die Türkei oft als unerlässliche Bedingung für ihren Beitritt zur Europäischen Union verstanden? Und werden nicht zur gleichen Zeit in der Türkei die ersten, oft zaghaften Annäherungsversuche der Regierung an ihre armenischen Nachbarn von den nationalistischen Gegnern heftig angeprangert? Gleichzeitig wehren sich die Armenier dagegen, ein zweites Mal geopfert zu werden; dieses Mal steht nicht mehr die Existenz ihres Volkes in Anatolien auf dem Spiel, sondern es geht um Anerkennung oder Verleugnung dieser so schmerzlichen Seite ihrer Geschichte und ihres Gedächtnisses.

Deshalb durfte dieser schwierige Kontext im Verlauf der Diskussionen, welche unsere beiden Gesprächspartner einander nähergebracht haben, nie aus dem Blick geraten. Die Auseinandersetzung war immer offen und leidenschaftlich, aber auch mit viel Empathie geführt worden. Möge dieser erste persönliche und zugleich öffentliche Dialog dazu beitragen, dass vielleicht schon morgen Türken und Armenier einander näherkommen. Ariane Bonzon

Im Osten: die armenische Familie

Mütterlicherseits der Genozid

Wir befinden uns im Jahr 1915. Die Schulferien stehen vor der Tür. In Erzurum, im Osten der Türkei, besteht meine Urgroßmutter Hripsime darauf, dass ihre drei großen Söhne aus Konstantinopel, wo sie studieren, nach Hause kommen. Sie fehlen ihr, sie will sie sehen. Zunächst widerstrebend – die Reise könnte gefährlich sein, da man im Krieg ist – gibt ihr Mann schließlich ihren Bitten nach und lässt die zwei jüngeren, Levon und Sirakan, 17 und 15 Jahre alt, nach Hause kommen. Der älteste, Garnik, 20 Jahre alt, bleibt in Konstantinopel. Das wird ihm das Leben retten.

Denn die Deportation der Armenier wird just zu dem Zeitpunkt befohlen, an dem die beiden jüngeren Brüder im Familienhaus eintreffen. Die Armenier dieser Gegend müssen sich am Rande Erzurums einfinden, wo sie in zwei Kolonnen aufgeteilt werden. Ein glücklicher Zufall fügt es, dass einer der Wächter des ersten Konvois, der meinen Urgroßvater kennt, die dort befindlichen Mitglieder meiner Familie beiseite nimmt und damit ihre Flucht ins russische Armenien ermöglicht. Auf die Schwägerin meiner Urgroßmutter aber, die sehr schön ist, hatte ein Türke bereits seit langem ein Auge geworfen. Er nutzt die Gelegenheit und schlägt ihr vor, sich ihm anzuschließen. Sie nimmt das Angebot an und vertraut ihre drei Kinder meiner Urgroßmutter an, die sich im zweiten Konvoi befindet. Nur das älteste der drei Kinder, Vahak, zum Zeitpunkt der Deportation 7

Jahre alt, wird überleben; seine Schwester stirbt auf dem Weg an Typhus, und sein jüngerer Bruder, 2 Jahre alt, wird von den Türken entführt. Sein ganzes Leben lang wird Vahak davon träumen, sich einmal auf die Suche nach seinem kleinen Bruder zu begeben. Ein Leben lang wird Vahak unablässig wiederholen, er sei sich sicher, den Bruder zu erkennen, selbst nach fünfzig Jahren.

Im zweiten Konvoi, in dem sich also meine Urgroßeltern befinden, wird eine weitere Aufteilung vorgenommen: die Männer kommen auf die eine Seite, Frauen und kleine Kinder auf die andere. Meine Urgroßmutter verkleidet ihren vierten Sohn, Vartkes, und ihre Neffen als Mädchen, um sie bei sich behalten zu können. Zum Zeitpunkt, da die Sonderung in Männer und Frauen vorgenommen wird, schreiten die beiden Gruppen in parallelen Reihen nebeneinander her. Und meine Urgroßmutter wird so zur ohnmächtigen Augenzeugin der Ermordung ihres Mannes und ihrer beiden Söhne Levon und Sirakan.

Danach beginnt der endlose Marsch durch die Wüste. Der Hunger ist unerträglich und, mehr noch als dieser, der Durst. Es ist Mitte August. Meine Urgroßmutter findet Wasser in den Hufspuren der Pferde und lässt die Kinder das Wasser von ihrer Hand auflecken. Wahnsinnig gewordene Frauen werfen sich in den Fluss, in den Murad. Ein Kurde entdeckt, dass meine Urgroßmutter ihren kleinen Sohn als Mädchen verkleidet hat und setzt das Messer an die Kehle des Kindes, um sie zu durchschneiden. Als Hripsime sich ihm vor die Füße wirft und Allah anruft, hält er ein. Mein Großonkel wird davon eine Narbe am

Hals zurückbehalten. Und ein zweites Wunder: Hripsime begegnet einem Türken, einem Freund oder Geschäftspartner ihres Mannes, der ihnen, ihr, ihrem Sohn Vartkes und ihrem Neffen Vahak, einem nach dem anderen, den Fluss zu überqueren hilft. Und dann sind sie frei. Bald in Syrien, in Aleppo.

Der aus Konstantinopel angereiste älteste Sohn schließt sich ihnen an und gemeinsam brechen sie nach Jerewan auf, das sich im russischen Armenien befindet. Garnik hat Geld bei sich, denn mein in Erzurum ermordeter Urgroßvater war im Import-Export-Handel tätig gewesen und hatte im äußersten Osten des Reiches, in Bayazit, der Stadt, aus der die Familie stammte, aber auch in Teheran, Beirut und Istanbul Geschäfte besessen.

Garnik, mein Großvater, trifft also in Jerewan mit einer kleinen ersparten Summe und dem Auftrag ein, sich auch um das Geschäft in Teheran zu kümmern. In Armenien wird er Artascham Baronian kennenlernen, meine Großmutter. Ihre Familie, die ebenfalls aus Bayazit stammt, lebt seit dem Russisch-Türkischen Krieg von 1878 im Zarenreich. Als die russischen Truppen nach dem Vertrag von Berlin Bayazit der Türkei überlassen mussten, waren einige armenische Familien den Soldaten des Zaren in das Russische Reich gefolgt. Diese Armenier sind russische Bürger geworden, nachdem sie vorher osmanische Untertanen gewesen waren, und haben ein Dorf mit dem Namen Nor Bayazit (Neu-Bayazit) gegründet. Meine Großmutter hatte also eine armenische und russische Erziehung genossen, was in den Augen meiner Familie bedeutete, dass sie kultivierter, moderner und fortschrittlicher war als die jungen armenischen Mädchen in der Türkei. Sie hatte übrigens auch zur ersten Generation jener jungen Mädchen gehört, welche die Universität von Jerewan besuchten, die in der kurzen Zeit der Unabhängigkeit zwischen 1918 und 1920 gegründet worden war.

Im Krieg, den sie gegen die Weiße Bewegung führen, benötigen die Kommunisten die Unterstützung des Handelsbürgertums, zu dem auch mein Großvater gehört, und so lebt das Ehepaar während der Neuen Ökonomischen Politik (NEP), die 1921 von Lenin durchgesetzt wird, in ziemlich guten Verhältnissen. Doch verordnet Stalin 1928 die Rückkehr zur harten Linie des Kommunismus: er befiehlt die Verhaftung, Deportierung oder Erschießung jener Geschäftsleute, die die Träger der NEP gewesen waren. Mein Großvater wird vierzig Tage lang eingekerkert, danach stellt man ihn vor die Wahl, entweder zu bleiben und sein Geschäft aufzugeben oder in die Verbannung zu gehen – er hatte nämlich rechtzeitig die Eingebung gehabt, sich einen iranischen Pass zu kaufen. Eine Wahl, die kein Zaudern erlaubt. Doch Vartkes, der kleine Bruder, jener, der als Mädchen verkleidet dem Genozid entkommen war, hat sich in eine Russin verliebt und will nicht mitgehen. Er bleibt in Armenien ... bis zum Jahr 1941, in dem man ihn wegen seiner „Beziehungen zum Ausland" nach Sibirien deportiert. Von dort wird er nicht mehr zurückkehren.

1929 hat mein Großvater kaum die nötige Zeit, um für seine Mutter, seine Frau und die beiden Kinder, Silva und

Émile, in Paris eine Bleibe zu sichern, als er bereits wieder in den Orient zurück muss, um dort seine Geschäfte aufzulösen. Im Flur seines Hotels wird er unter mysteriösen Umständen, aber ohne Zweifel auf Anordnung seines Sozius, mit einer Blankwaffe niedergestochen. Durch den Tod meines Großvaters verschlechtert sich die materielle Lage meiner Familie zusehends. Zunächst muss sie häufig umziehen: nach Courbevoie, Bécon-les-Bruyères, später auf die Place des Fêtes in Paris und schließlich nach Cachan, wo sich inzwischen eine große armenische Gemeinde eingefunden hat. Ende der dreißiger Jahre und während des Krieges sind hier die armenischen Verbände aktiv. Silva, meine Mutter, und mein Onkel Émile können so die Armenischstunden, die donnerstags stattfinden, besuchen und an kulturellen Veranstaltungen teilnehmen.

Doch trägt der Tod meines Großvaters dazu bei, dass sich das Gefühl meiner Familie, „sozial herabgesetzt" zu sein, verschärft. Während des Krieges wird sich meine Großmutter trotz ihrer Erziehung, die sie als ein Mitglied des russischen Bildungsbürgertums auswies, daran machen, Konfektionsware herzustellen und später öffnet sie ein Lebensmittelgeschäft; sie betreibt den kleinen Laden, um ihre Kinder durchbringen zu können. Ihr Leben ist hart, vor allem, wenn man bedenkt, dass sie wohl nicht mit einem sonderlichen Sinn für das Geschäftliche begabt war. Es kommt zu einer Aufteilung der Aufgabenbereiche in unserer Familie: meine Urgroßmutter kümmert sich um die Erziehung der Kinder, während die Großmutter das Geld nach Hause bringt. Aber das, was vor allem zählt, ist der schulische Erfolg der Kinder. Heute sagt man, dass diese Generation die

Integration befürwortet habe. Das ist falsch! Meine Großmutter nährte in ihren Kindern den Traum einer Rückkehr nach Armenien nach dem Fall des Sowjetregimes. Sie widersetzte sich einer Einbürgerung. Im Falle meiner Familie ist es also richtiger zu sagen, dass die Erziehung der Wert war, der alle anderen in den Schatten stellte. Das war bereits in Armenien nicht anders gewesen, weil meine Großmutter eine der ersten jungen Mädchen war, die an der Universität studierten. Und diese Tradition musste auch in Frankreich fortgesetzt werden.

Warum Frankreich? Wir hatten in Frankreich keine Familie im engeren Sinne mit Ausnahme eines Vetters mit dem sehr schönen Vornamen Senescherim, der zum Studium nach Europa gekommen war und beschlossen hatte, sich hier niederzulassen. Für viele Armenier aber, stammten sie nun aus Konstantinopel, Smyrna oder dem Osten der Türkei, war Frankreich der mythisch verklärte Inbegriff alles Guten. Frankreich wurde idealisiert. Und meine Familie bildete dabei keine Ausnahme: übrigens hatte der Bruder meiner Mutter den Vornamen Émile zu Ehren von Émile Zola bekommen, obgleich weder mein Großvater, noch meine Großmutter Französisch sprachen. In Frankreich sah man das Land, das den Armeniern freundlich gesonnen war, das Land des Fortschritts, der Kultur, der großen Ideale. Nach Frankreich zu kommen bedeutete für diese Armenier eine Freiheit wiederzufinden, die ihnen durch das Schicksal so grausam beschnitten worden war.

Väterlicherseits das sowjetische Armenien

Ist es ein Zufall der Geschichte? Die Heimat der Familie meines Vaters Martin Haroyan befindet sich ebenfalls am äußersten Ostrand des Osmanischen Reiches, in Bayazit, das heißt im selben Ort, aus dem meine Großeltern mütterlicherseits stammen. Seine Familie gehörte im Gegensatz zu derjenigen meiner Mutter einer bescheideneren Schicht des Bürgertums an. Mein Großvater war Händler. Er verkaufte von Pantoffeln bis hin zu Kochtöpfen so ziemlich alles an die kurdischen Nomaden. Die Familie entkam dem Genozid. Als nämlich die Jungtürken des Komitees für Einheit und Fortschritt mit dem Deportationsbefehl eintreffen, untersagt ihnen der Gouverneur Bagh Efendi das Betreten der Stadt mit den Worten: „Hier bin ich der Herr. Ich kümmere mich um diese Fragen und morgen sehen wir weiter." Bagh Efendi versammelt in größter Eile die armenischen Honoratioren, setzt ihnen die Lage auseinander und legt ihnen nahe, die Stadt noch in selbiger Nacht zu verlassen. Alle Armenier, das heißt fast das ganze Dorf, fliehen Hals über Kopf. Die russische Grenze befindet sich in unmittelbarer Nähe. Die Armenier können sie, ohne erwischt zu werden, überqueren.

Und so wird die ganze Familie meines Vaters, mit Ausnahme des Onkels Vasil, gerettet, der in die türkische Armee eingezogen worden war und wie die Mehrzahl der armenischen Rekruten spurlos verschwunden ist. Ihr ganzes Leben lang sollte meine Urgroßmutter meinem Großvater väterlicherseits vorwerfen, er habe die nötige Summe nicht aufgebracht, um Onkel Vasil vom Wehrdienst zu befreien.

Mein Großvater Hagop und meine Großmutter Lucik sind noch blutjung und bereits verheiratet, als sie in Armenien eintreffen. An den Nachmittagen versammeln sich mein Großvater, der eine schroffe antikommunistische Einstellung an den Tag legt, und seine alten Kameraden in den öffentlichen Parks, um auf das Regime zu schimpfen, und meine Großmutter eilt mit jedem Neugeborenen zu einem mutigen Priester außerhalb Jerewans, um es taufen zu lassen. Die Generation meines Vaters hingegen ist bereits kommunistisch indoktriniert, weil sie die sowjetische Erziehung genossen hat. Dieser Generation ist ein richtiger sozialer Aufstieg bestimmt. Mein Großvater gehört noch dem kleinbürgerlichen Milieu an. Seine Söhne werden es zu mehr bringen. Vor allem der älteste wird eine angesehene Persönlichkeit des Regimes: er ist ein berühmter Ingenieur, der Brücken und Straßen baut und einen eigenen Chauffeur hat.

Eine Gemeinsamkeit im Schicksal der beiden Zweige meiner Familie: am Ende der NEP-Zeit erhält auch mein Großvater väterlicherseits den Befehl, sein kleines Geschäft zu schließen. Er weigert sich so lange, bis man ihm erklärt, dass seine Söhne als „Bürgersprösslinge" kein Recht auf eine höhere Ausbildung hätten. Für die Zukunft seiner Kinder wählt er also den Fortschritt und macht seinen Laden dicht.

Als der Zweite Weltkrieg ausbricht, hat Martin, mein Vater, gerade sein Abitur gemacht und beginnt sein geisteswissenschaftliches Studium. Nebenbei arbeitet er als Journalist. Er ist ein Junge von glänzender Begabung, der bereits einen Preis für einen seiner Artikel bekommen hat. 1941 wird er eingezogen, um auf der Krim an die Front geschickt zu werden. Anfang Mai 1942 umzingeln die Deutschen die sowjetische Armee und setzen alle Soldaten gefangen. Mein Vater wird sehr bald festgenommen. Er kann Deutsch, er ist Armenier: diese zwei Besonderheiten werden ihn retten. Statt mit den übrigen sowjetischen Gefangenen, die sehr zahlreich sind und nicht gerade gut behandelt werden, dahinzuvegetieren, wird mein Vater einem deutschen Offizier als Dolmetscher zugeordnet, dem die Oberaufsicht über die sowjetischen Gefangenen übertragen worden war. Ihm sollte er später, 1943, nach Frankreich folgen.

Als mein Vater in Paris ankommt, sucht er sofort die armenische Kirche in der Straße Jean Goujon auf; hier versucht er die Familie meiner Mutter ausfindig zu machen, weil ihrer beider Sippen bereits aus Bayazit miteinander verwandt sind. Denn war man auch sowjetisch, offiziell abgeschnitten vom Rest der Welt, wusste man doch sehr wohl, wer wo zu finden war... Ein Armenier teilt ihm mit, dass sie in der Nähe von Bagneux lebten und fragt, aus Vorsicht, nach seinem Namen, um diesen meiner Urgroßmutter zu hinterbringen. Sie kann zwar den Familiennamen meines Vaters nicht einordnen, wünscht aber, ihm zu begegnen: vielleicht brächte er ja Neuigkeiten mit! Vor allem von ihrem Sohn Vartkes, der sich aus Liebe zu einer Frau geweigert hatte, Armenien zu verlassen. Der aber war gerade verhaftet worden. Im Einvernehmen mit meiner Mutter und meinem Onkel wird mein Vater meiner Urgroßmutter die Wahrheit verschweigen. Sie wird sterben, ohne je vom

Ende ihres jüngsten Sohnes erfahren zu haben. Mein Vater aber kann nicht in Paris bleiben. Er muss seinen deutschen Offizier nach Italien begleiten.

1944 beginnt die Auflösung: die Amerikaner landen und dies bietet meinem Vater die unverhoffte Möglichkeit zur Flucht. Der deutsche Offizier wird von revoltierenden russischen Gefangenen getötet und mein Vater kann endlich entkommen. Er verschwindet, kehrt nach Frankreich zurück und versteckt sich bei der Familie meiner Mutter. Bei der Befreiung von Paris, im August, ist auch er endlich frei. In der armenischen Gemeinde werden zu dieser Zeit heftige Debatten zwischen Kommunisten und Nationalisten der Daschnak-Partei (Armenische Revolutionäre Föderation) geführt. In den Zeitungen liefert man sich richtige verbale Schlachten. Mein Vater ist auf der kommunistischen Seite. Für die Zeitung Shoghovurt (Das Volk) verfasst er Propagandaartikel über das sowjetische Armenien.

Und 1945 besteigt er gemeinsam mit anderen Armeniern den Zug, der sie in die Heimat zurückbringen soll. Unmittelbar nach der Grenze, zwischen den beiden deutschen Zonen, in der Nähe von Eisenach, hält der Zug. Ein Tag vergeht, zwei Tage vergehen, als plötzlich sowjetische Offiziere in die Wagenabteile stürmen. Sie reißen allen Anwesenden die Auszeichnungen von der Uniform. Auszeichnungen, die ihnen von der aus dem französischen Widerstand hervorgegangenen Regierung verliehen worden waren.

Jetzt beginnt die Sache auch für meinen Vater brenzlig zu werden! Er scheint zunächst die Rückkehr in die Heimat hinausgezögert zu haben. Doch hatte er sich mit seinen Zeitungsartikeln dermaßen ins Zeug gelegt, dass er schließlich selbst daran glaubte, dass die gegen die Kriegsgefangenen angekündigten Sanktionen in der Euphorie des errungenen Sieges aufgehoben werden würden. Da er nun aber beobachtet, wie Anstalten getroffen werden, die nichts Gutes verheißen, und auch einen neuen Zug bemerkt, der sich nähert, geht er geradewegs auf einige deutsche Eisenbahner zu und fragt sie nach dem Streckenverlauf des für ihn und seine Gefährten bestimmten Zuges. „Ihr fahrt Richtung Uralbergwerke", antworten die Eisenbahner. Um aber seinen älteren Bruder, der in Armenien zu dieser Zeit bereits eine wichtige Stellung bekleidet, nicht zu gefährden, macht er sich aus dem Staub und kehrt nach Cachan zurück.

Er verlangt in Frankreich politisches Asyl. Es wird ihm verweigert, denn Stalin und de Gaulle haben einen Vertrag unterzeichnet, der den Austausch der Gefangenen verlangt. Er ist gezwungen, seinen Namen zu ändern, um nicht in die UdSSR abgeschoben zu werden. Sein neuer Familienname Marian ist eine Schrumpfform, zusammengezogen aus Mar von Martin, seinem Vornamen, und Ian, der Endung von Haroyan. Das ist übrigens das Pseudonym, das er bereits als Journalist in Armenien verwendet hatte. Er macht falsche Angaben zu seiner Person, aus denen hervorgeht, er sei in Bayazit, in der Türkei, geboren. Aber er muss sich versteckt halten, denn in der armenischen Gemeinde hat er sich nach Strich und Faden kompromittiert: die Kommunisten würden ihn beschuldigen, weil er Reißaus genommen hatte, die Nationalisten der Daschnak-Partei aber würden ihn sicher für ihre antisowjetische Propaganda verwenden wollen. Er, der nicht Französisch spricht und eher ein Literat ist, sieht sich jetzt gezwungen, den Beruf zu wechseln. Er meldet sich zur Aufnahmeprüfung an einer Ingenieursschule. Zu der Zeit erweisen sich die Umstände für sein Vorhaben als recht günstig. Da mein Vater die Gleichungen richtig löst, seine Deutschkenntnisse sehr gut sind und die Mitglieder der Auswahlkommission trotz der Tatsache, dass er nicht Französisch spricht, beeindruckt sind, wird er mit Wohlwollen aufgenommen.

Im Westen: die türkische Familie

Mütterlicherseits die Balkankriege

Als Großgrundbesitzer soll mein Ururgroßvater Hadji Kir Ali einer der wohlhabendsten Männer von Serres, einer Stadt in Ostthrakien, im Norden des heutigen Griechenlands, gewesen sein. Die Familienlegende weiß sogar zu berichten, dass er seinen beiden Töchtern nichts weniger als die Hauptstraße der Stadt geschenkt habe. Der einen die Geschäfte auf der linken, der anderen die Geschäfte auf der rechten Straßenseite.

Doch sollte meine Familie nicht lange in den Genuss dieses Goldenen Zeitalters kommen. 1912 erfolgt ein Zusammenstoß zwischen der osmanischen Armee und der Koalition der Balkanländer, die Grenzkorrekturen vornehmen wollen; nach Beendigung dieses Krieges ist das Osmanische Reich um den größten Teil seiner europäischen Gebiete gebracht. Die Herausbildung der Nationalstaaten ist in Mode gekommen. Die Homogenität der Bevölkerung wird angestrebt: im Zuge der ethnischen Säuberungen kommt es oft zu Pogromen und Massakern. Serres wird zunächst von den Bulgaren erobert; einige Monate später befindet sich die Stadt in der Hand der Griechen, die sie kurz darauf erneut Bulgarien überlassen müssen. Wie Tausende anderer Muslime, die auf dem Balkan gelebt haben, fliehen mein Urgroßvater Adem, seine Familie mit den drei Kindern, und seine Schwestern. Sie lassen fast ihren gesamten Besitz zurück. Sie erreichen den Hafen von Saloniki und besteigen ein Schiff, das sie nach Izmir, an die ägäische Küste der Türkei, bringen soll.

Zu dieser Zeit ist die osmanische Regierung nicht gerade im Aufschwung begriffen. Und doch muss sie sich um diese Hunderttausenden von Flüchtlingen kümmern, die gezwungen sind, den Balkan zu verlassen und jetzt – Muhacir, Einwanderer, genannt – in Anatolien eintreffen. Keine internationale Hilfe ist vorgesehen. Ein Teil der Familie lässt sich in Turgutlu, einem Ort in der Umgebung von Izmir, nieder.

Hier werden die in den Jahren 1912-14 von den Griechen aufgegebenen Landstriche und später die Ländereien und Güter der 1915 deportierten Armenier durch den Staat an die Balkanflüchtlinge verteilt. Der Familie meines Großvaters werden bei ihrer Ankunft keine zurückgelassenen Ländereien zugewiesen. Sie hofft noch immer, eines Tages nach Xanthi zurückkehren und ihre Besitztümer wiedererlangen zu können. Also gibt sie sich damit zufrieden, ein Haus zu mieten und sie wird, wie ich annehme, auch Ländereien gepachtet haben. Sie lässt sich in der Gegend von Izmir nieder, in der muslimische Türken und orthodoxe Griechen nebeneinander leben. Griechenland besetzt es 1919. Als sich die griechische Armee 1922 zurückzieht, setzt sie Turgutlu in Brand und nimmt einige Angehörige der Familie meines Großvaters als Geiseln oder Gefangene mit. In Izmir angekommen, das inzwischen von den türkischen Streitkräften befreit worden ist, werden sie von den Griechen zurückgelassen.

Erst 1923, anlässlich des erzwungenen Bevölkerungsaustausches zwischen Griechenland und der Türkei, wird ihnen die türkische Regierung für die auf dem Balkan zurückgelassenen Güter Landbesitz in der Gegend von Nif (das heutige Kemalpaşa) zuweisen. Die Familie mütterlicherseits baut sich hier ein neues Leben auf und bringt es zu Wohlstand. Und wenn ich später den Berichten meines Großvaters Hüseyin zuhörte, der drei oder vier Jahre gewesen war, als sie Xanthi verlassen mussten, oder denen seiner älteren Schwestern, hatte ich niemals das Gefühl, dass sie nach dieser Stadt ein großes Heimweh verspürt hätten. Überhaupt wurde die Vergangenheit nur sehr selten angesprochen. Und dann war ein Bedauern auch nicht wirklich angebracht: die kemalistische Geschichte hatte es verstanden, diesen Flüchtlingszuzug vom Balkan in eine „Große Heimkehr" umzuinterpretieren. Es war in der Tat gesetzlich festgelegt worden, dass diese Flüchtlinge als die Nachfahren muslimischer anatolischer Bauern zu betrachten seien, die sich im 16., 17. und 18. Jahrhundert in Griechenland und Bulgarien angesiedelt hatten. Sie sollten demzufolge als verlorene Söhne empfangen werden, welche von der türkischen Heimat wie von einer Mutter nun endlich wiedergefunden worden wären. Dabei sind die jüngsten unter ihnen sehr bald von der kemalistischen Revolution begeistert und werden zu ihren Aktivisten. In diesen republikanischen Bestrebungen der Kemalisten lässt sich eine geradezu jakobinische Gesinnung ausmachen: man will einen neuen Menschen schaffen, ein neues Volk, eine neue Gesellschaft fast ohne Geschichte.

Auch die Familie meiner Großmutter mütterlicherseits hatte mit den Bulgaren kämpfen müssen; doch hatte das viel früher, in den siebziger Jahren des 19. Jahrhunderts, begonnen, als Bulgarien unabhängig wurde. Es gab Pogrome gegen die muslimische Bevölkerung; ich glaube, dass ihnen in meiner Familie niemand zum Opfer gefallen war, da sie, so schnell es ging, Thrakien mit nur einigen Wertpapieren und Goldstücken verlassen hatte.

Mein Großvater Hüseyin und meine Großmutter mütterlicherseits Halise haben sich in Nif kennengelernt. Meine Großmutter kam aus dem nahegelegenen Dorf Parsa, das sich unweit von Izmir befindet. Das, was zu dieser Zeit die Gegend kennzeichnet, ist die starke Präsenz der Griechen überall und ihre immer noch zahlreichen griechisch-orthodoxen Dörfer. Die Griechen sind hier also bei weitem augenfälliger als die Armenier, die eher im Osten des Landes ansässig sind. Einige dieser Griechen, die sogenannten Rum, gehören zur einheimischen Bevölkerung, andere sind im Laufe der früheren Jahrhunderte von den Ägäischen Inseln und Griechenland zugezogen.

Väterlicherseits Handel und Kemalismus

Mein Großvater väterlicherseits Ahmet Faïk (dem ich auch meine beiden Vornamen zu verdanken habe) war von kleinem Wuchs und hatte die hervortretenden Backenknochen der Menschen aus Zentralasien. In der Tat sollen seine Vorfahren vor dem 17. Jahrhundert aus der Gegend des heutigen Turkmenistan nach Zentralanatolien eingewandert sein. Das Dorf, in dem mein Großvater geboren ist, heißt heute Taşkent und befindet sich im Landkreis Hadim, in der Gegend von Konya. Ein recht karges Dorf im Kettengebirgssystem des Taurus. Die turkmenischen Nomadenstämme waren von den Osmanen dort angesiedelt worden.

Im Alter von 20 Jahren schließt sich mein Großvater seinem Bruder in Kirkağaç an, der dort Steinmetz ist. In dieser ägäischen Stadt, berühmt durch ihre Honigmelonen, tritt mein Großvater in eine *Madrasa*, eine höhere Koranschule, ein. Er will Imam und Prediger werden. Später verlässt er die religiöse Laufbahn und steigt in den Tuchhandel ein. Fortan gehört er, der fromm und fortschrittlich zugleich ist, zu den angesehenen Honoratioren von Kirkağaç. So besitzt er etwa ein Grammophon, das in den Augen der Strenggläubigen eine „Teufelsmaschine" ist. Er versucht sie zu überzeugen, dass das Grammophon im Gegenteil der Religion zum Vorteil gereichen könnte, erlaubt es doch den Gläubigen beim Vortrag der religiösen Gesänge in den Genuss solcher Stimmen zu kommen, die an Qualität diejenige des lokalen Muezzins bei weitem übertreffen würden.

Aus seiner ersten Ehe hat er drei Jungen. Nach dem Tode seiner Frau heiratet er 1910 oder 1911 in zweiter Ehe meine Großmutter Nafize, die Direktorin der Mädchenschule von Kirkağaç. Sie war eine gebildete und fromme Frau. Sie trug keinen Schleier, doch bedeckte sie ihr Haar mit dem traditionellen Kopftuch, wenn im Haus Fremde zu Gast waren oder wenn sie ausging. Auch ihre Schwester war in Kirkağaç als Lehrerin tätig. Gemeinsam waren sie aus Izmir hierher gezogen. Ihr Vater Mustafa muss dort zweifellos Beamter der Kommunalpolizei gewesen sein.

Aus dieser Verbindung werden mein Onkel Ali Rauf und Rahmi, mein Vater, hervorgehen. Letzterer kommt 1916 zur Welt, ein Jahr nach der Deportation der Armenier; doch waren diese in der ägäischen Gegend weniger zahlreich vertreten als anderswo. Und da Izmir eine von Fremden wimmelnde Stadt war, wollte man die Armenier nicht in Gegenwart dieser Zeugen deportieren. Auch widersetzte sich der Präfekt dieser Gegend, Rahmi Bey, den Deportationsbefehlen. Seine Absicht war eher, die Zahl der Griechen in diesen Landstrichen zu reduzieren.

Am Ende des Ersten Weltkrieges ist das Reich gänzlich zerstört. Konstantinopel ist von den Alliierten besetzt. Der Kampf wird 1919 unter der Leitung von Mustafa Kemal organisiert. Auf dem Kongress der Widerstandskämpfer in Balikesir repräsentiert mein Großvater Kirkağaç. Ohne Zweifel wird dies dazu führen, dass er von den Griechen 1920, nur einige Monate nach dem Abschluss des Vertrages von Sèvres und der Besetzung seiner Heimatstadt durch die griechischen Truppen, verhaftet wird. Gemeinsam mit ungefähr zwanzig weiteren Nationalisten aus Kirkağaç interniert man ihn auf Kreta. Drei Jahre wird er hier bleiben müssen und kann erst 1923 dank des griechisch-türkischen Friedensvertrages heimkehren.

Die Besetzung der Stadt durch die Griechen und die Deportation mehrerer türkischer kemalistischer Persönlichkeiten lösen in der Bevölkerung gegensätzliche Reaktionen aus: die hier ansässigen Griechen, die *Rum*, empfangen die Eroberer als Befreier, während die Türken ihnen gegenüber äußerst feindlich gesinnt sind. Während der folgenden zwei Jahre wird man also Zeuge einer Umkehrung der Kräfteverhältnisse, in denen die Unterdrücker von gestern nun selbst unterdrückt werden.

Mein Vater erzählte, dass sein älterer Bruder Mehmet (aus der ersten Ehe meines Großvaters) Mitglied in den türkischen Milizen gewesen war. Dieser bekannte ihm, dass nach dem Rückzug der griechischen Armee aus Kirkağaç im September 1922, die türkischen Milizen als Vergeltungsmaßnahmen einige christliche Bürger, die nicht mit den griechischen Truppen geflohen waren, an den Stadtrand geschleppt hatten, um sie dort niederzumetzeln.

Nach seiner Rückkehr aus der Deportation im Jahre 1923 erhält mein Großvater die Unabhängigkeitsmedaille, die angesehenste Auszeichnung der Türkei. Als Entschädigung für das Unrecht, das er hatte erleiden müssen, schlägt man ihm vor, ein von den Griechen aufgegebenes Anwesen in Besitz zu nehmen. Er soll dieses Angebot mit der Begründung ausgeschlagen haben, dass er, um das Leben seiner

Familie zu sichern, es nicht nötig habe, sich das anzueignen, was die Griechen zurückgelassen hatten. In Anatolien brüsten sich einige Familien damit, die Güter der Armenier und der Griechen unangetastet gelassen zu haben, während sich zahlreiche andere Familien, wie hinreichend bekannt ist, auf diese Weise bereichert hatten. Leute wie mein Großvater waren wohl der Ansicht, dass diese Besitztümer an die Einwanderer vom Balkan verteilt werden müssten.

Mit dem Jahr 1923 setzen die revolutionären Reformen Mustafa Kemals ein: 1925 tritt das Hutgesetz in Kraft, welches das Tragen des Fes verbietet. Mein Großvater kauft sich sofort einen Filzhut. Ich selbst habe diesen Großvater, der 1931 gestorben ist, nicht gekannt, aber er muss den Typus des kemalistischen und gläubigen Nationalisten vortrefflich verkörpert haben. Er scheint Mustafa Kemal verehrt zu haben und gleichzeitig sehr fromm gewesen zu sein – zwei Haltungen, die nicht unbedingt unvereinbar waren: tatsächlich galt Mustafa Kemal in erster Linie als der Held, der die Befreiung herbeigeführt und die christlichen Besatzungsmächte und zuvörderst die griechische Armee erfolgreich aus dem Land gejagt hatte.

1925 entdeckt der Minister für nationale Erziehung, der meinen Großvater bereits seit der Zeit des Widerstands kennt, dass dieser für seinen Sohn Ali Rauf, der gerade 12 oder 13 Jahre alt ist, die Aufnahme in die weiterführende Schule in Izmir beantragt hat. Der Minister ist empört und lässt meinen Onkel, dem ausgezeichnete schulische Leistungen bescheinigt wurden, als Internatsschüler und Stipendiat auf Kosten des Staates am Galatasaray-Lyzeum in Istanbul einschreiben.

Dies ist Ausdruck der politischen Anerkennung, die meinem Großvater gezollt wird, denn das Galatasaray-Lyzeum ist die Eliteschule schlechthin, die Schule, in der die zukünftigen Kader der Republik ausgebildet werden. In großer Zahl sind hier die Kinder von Würdenträgern des neuen Regimes vertreten. Der Unterricht erfolgt weitgehend auf Französisch, der damaligen Weltsprache, der Sprache, die unerlässlich ist, wenn man in der neuen laizistischen Republik eine bürokratische oder diplomatische Laufbahn einschlagen will. Infolgedessen wird mein Onkel ein Kemalist von echtem Schrot und Korn, zutiefst antireligiös, ja sogar atheistisch, mit einer offen zur Schau getragenen Sympathie für sozialistisches Gedankengut. Dies muss meinen Großvater ziemlich erzürnen. Und als er seinen Sohn Rahmi, meinen Vater, in Istanbul einschulen soll, weigert er sich, ihn ins Galatasaray-Lyzeum zu schicken. Ein Lehrer empfiehlt ihm ein berühmtes privates Lyzeum. Es stellt sich heraus, dass dieses auch von Sabbataisten besucht wird, „denen aus Thessaloniki", wie man sie in der Türkei nennt. Dabei handelt es sich um Juden, die im 17. Jahrhundert zum Islam übergetreten sind, aber im Geheimen weiterhin einige jüdische Riten praktizieren. Weit weg von Istanbul weiß mein Großvater nichts über die Verbindungen mit „jenen aus Thessaloniki". Man hat ihm dieses Lyzeum als ein anspruchsvolles Institut gelobt und er denkt, dass sein Jüngster dort zumindest nicht areligiös und atheistisch erzogen werden wird. Er ahnt nicht, dass die Sabbataisten eine weit weltlichere Einstellung vertreten als die anderen! So nahm etwa das Galatasaray-Lyzeum ausschließlich Jungen auf, während das Lyzeum meines Vaters eine gemischte Schule war – eine große Seltenheit zu jener Zeit.

Meinem Vater wird also eine sehr moderne Erziehung zuteil. Nach seinem Jurastudium und dem abgeleisteten Wehrdienst wird er in einer Kleinstadt an den Dardanellen zum Generalstaatsanwalt ernannt. Später, im Jahre 1942, wird er erneut einberufen und als Marinerichter eingesetzt. Nach dem Krieg ernennt man ihn zum Bezirksdirektor des Amtes für landwirtschaftliche Erzeugnisse. Bis zu seinem Ruhestand wird er dort als Generalinspektor tätig sein.

Gemeinsame Bekannte stellen meinen Vater Güngör, meiner Mutter, vor. Sie hat zu diesem Zeitpunkt gerade das Lyzeum abgeschlossen. Meine Mutter war noch recht klein gewesen, als sich zu Beginn des Zweiten Weltkrieges mein Großvater mütterlicherseits, getrennt von seiner Frau und allein mit seinen beiden Töchtern, in Istanbul niederließ.

1952 ist mein Vater noch immer Junggeselle und doch hatte er sich bereits dreimal verlobt, aber nur um die Verlobungen anschließend sofort wieder aufzukündigen. Das führt so weit, dass seine Freunde diesmal nicht mehr an die neuerlich in Aussicht gestellte Verbindung glauben und sich weigern, an der Feierlichkeit teilzunehmen, obgleich es sich jetzt um die richtige und endgültige handeln wird!

Man kann zusammenfassend sagen, dass es sich bei uns um eine „gewöhnliche" türkische Familie handelt: sie ist kemalistisch und sunnitisch geprägt. Die Frauen sind praktizierende Gläubige, die Männer sind es nicht. War mein Vater überhaupt gläubig? Mein Onkel Ali Rauf war es auf jeden Fall immer weniger; der einzige Gott, an den er glaubte, hieß Mustafa Kemal. Zu jener Zeit war Mustafa Kemal noch nicht von jenem Nimbus der Heiligkeit umgeben, der ihm erst später, nach dem Militärputsch von 1980, unumschränkt zugesprochen werden sollte. Die Straßen, der Flughafen waren noch nicht nach ihm benannt, sein Portrait prangte noch nicht an allen Wänden, doch zollte man seinem Denken und auch seinem politischen Genie große Verehrung. Mein Vater bewunderte Atatürk, den Staatsmann. Eines Tages erzählte der Vater eines in die Familie meiner Mutter eingeheirateten Onkels, dass 1918, als er in der osmanischen Armee diente, diese vor den Engländern zurückweichen musste. Das ereignete sich im Nahen Osten und das Heer wurde dabei regelrecht aufgelöst, berichtete jener alte Onkel. Dabei war er von den Engländern gefangen genommen und in Ägypten ins Gefängnis geworfen worden, um später erblindet heimzukehren. Dieser Onkel behauptete nun, Mustafa Kemal wäre halt nicht gerade so auf der Höhe gewesen, denn er hätte „sein Heer im Stich gelassen und die Türkei verkauft". Es erübrigt sich wohl, an dieser Stelle anzumerken, dass sowohl mein Vater als auch mein Onkel diesen alten frommen Herrn, der es wagte, ihren Helden zu kritisieren, nur mäßig schätzten.

Ein Altersunterschied von achtzehn Jahren trennte meine Eltern. Als sie heirateten, war mein Vater 38, meine Mutter 20 Jahre alt. Doch trotz dieses Altersunterschieds und obgleich sie nicht dieselben geschichtlichen Ereignisse erlebt hatten, war ihnen etwas gemeinsam. Ohne dass sie es je offen ausgesprochen hätten, glaube ich, dass beide einen gewissen Groll gegen die Griechen hegten. Stellen Sie es sich doch einmal vor! Die Familie meiner Mutter hatte 1913 Griechenland unter haarsträubenden Umständen verlassen müssen und glaubte sich in Izmir endlich in Sicherheit. Aber siehe da, sieben Jahre später landen die Griechen an der Küste und erobern die Stadt! Bei ihrem Abzug setzen sie diese in Brand und verschleppen einen Teil meiner Familie. Und was meinen Vater betrifft, dessen Familie ebenfalls in der 1920 zurückeroberten Gegend von Izmir lebte, so bleibt er gezeichnet von der Erinnerung an die Verhaftung und die Deportation seines Vaters durch die Griechen, die beide im selben Jahr erfolgten. Für meinen Vater wie für meine Mutter ist der «Andere» der Grieche. Man sprach nicht über die Armenier.

Die Zeit des Schweigens (die Jahre 50-60)

INSEL Ich bin in Istanbul aufgewachsen, in einem kosmopolitischen Umfeld. Sechs Monate nach meiner Geburt fanden die berüchtigten Septemberpogrome von 1955 statt, in denen das Eigentum der Griechen, Armeniern und Juden zerstört wurde, in denen ihre Geschäfte geplündert wurden. Das Viertel, in dem ich aufwuchs, Kurtulus (Befreiung), muss davon berührt worden sein, denn in ihm lebten zahlreiche Armenier, Griechen und Juden sowie einige „Überbleibsel des Osmanischen Reichs". So war etwa einer unserer Nachbarn Bulgare und seine Frau Malteserin – ein Beispiel der kosmopolitischen Vielfalt, die Anfang des 20. Jahrhunderts in Istanbul weit verbreitet war. Die Stadt hatte damals ungefähr eineinhalb Millionen Einwohner. Ein bisschen weniger als 200000 von ihnen waren Griechen, Armenier und Juden. Heute ist die Zahl dieser Angehörigen von „Minderheiten" im ganzen Land neben 70 Millionen Türken auf 80000 geschrumpft. Fast alle minoritären Volksgruppen haben sich in Istanbul konzentriert, das inzwischen zu einer Metropole von 12 Millionen Einwohnern angewachsen ist.

Mitte der 50er Jahre kann man Angehörige ethnischer Minderheiten auf der Straße noch leicht erkennen. Jede Mutter ruft ihr Kind in der eigenen Sprache. Vor- und Nachnamen erlauben uns ebenfalls, recht schnell herauszubekommen, wer der Namensträger ist und welcher Gemeinschaft er angehört. Oft hören wir Satzfetzen auf Ladino, das die Juden im 15. Jahrhundert aus Spanien nach Konstantinopel mitgebracht haben, und, viel häufiger noch, Griechisch und Armenisch. Heute noch kann ich diese Sprachen, höre ich sie irgendwo zufällig, sofort nach den ersten Worten zuordnen. Rückblickend habe ich ein richtiges Heimweh nach diesem multikulturellen Universum. Aber als ich noch Kind war, vermochte mich die Tatsache, dass um mich herum Sprachen gesprochen wurden, die ich nicht verstand, maßlos zu ärgern. Es gab auch diesen Slogan der 30er Jahre: „Bürger, sprich Türkisch!", der wieder an der Tagesordnung stand und eine unheilvolle Wirkung ausübte. In Kurtulus aber waren die Muslime nur knapp in der Mehrheit.

Meine Familie ist ganz klassisch: türkisch, muslimisch und sunnitisch. Mein Vater hat das Amt eines mittleren Beamten inne, meine Mutter arbeitet nicht. Man lebt eingebunden ins gesellige Leben seines Stadtviertels, stattet sich nach dem Abendessen die üblichen Besuche ab, mal ist man in der Wohnung des einen, mal in der des anderen. Die engsten Freunde meiner Eltern sind unsere griechischen Nachbarn, Herr Niko Chrysostomidis, ein Rum aus Kappadokien, von Beruf Buchhalter, und seine Frau Heleni, die Anfang der 50er Jahre im Alter von 22 oder 23 Jahren aus Griechenland hergekommen war, um zu heiraten. Meine Mutter hat ihr Türkisch beigebracht. Wir Kinder, meine Schwester und ich, sind gute Kumpel ihres Sohnes Maki, der selbst die griechische Schule besucht. Dann sind da

Herr Shimon und Frau «Dudu» Abenhabib, ein jüdisches Ehepaar, Kaufleute ihres Zeichens, ebenfalls unsere Nachbarn und mit meinen Eltern eng befreundet. Ein Verwaltungsbeamter im Ruhestand, Djavid Bey, ein türkischer Muslim, vervollständigt das Bild. Fast habe ich die Frau vergessen, die man gewöhnlicherweise die „Tante von unten" nennt, Frau Saruhi, eine Armenicrin, die mit ihrem Mann Oskan im Erdgeschoß unseres Wohnhauses lebt.

Diese ethnische Vielfalt ist nichts Außergewöhnliches, selbst wenn es in Istanbul auch weit homogenere Stadtviertel gibt als Kurdulus, rein muslimische Stadtviertel wie etwa das von Fatih. Unsere Feste feiern wir gemeinsam. Die griechischen und armenischen Nachbarn laden wir zu unseren bayrams ein, wenn wir das Ende des Ramadan, das Fest des Fastenbrechens, begehen und das Aïd el-Kebir, das wir Opferfest nennen. Zu Ostern bemalt die „Tante von unten", die Armenierin, mit ihrer Tochter Ostereier und bringt uns welche. Wir essen auch Osterkuchen. Oder eine Mastixkonfitüre, welche unsere griechische Nachbarin vorzüglich zuzubereiten weiß und die wir, meine Schwester und ich, mit einem silbernen Löffelchen kosten dürfen. Zu Weihnachten schmücken unsere christlichen Nachbarn einen Tannenbaum und an jedem 31. Dezember, um Mitternacht, werfen alle unsere Griechen eine Unzahl von Tassen und Tellern zum Fenster hinaus und begleiten diese Aktion mit dem Aussprechen ihrer Wünsche. Das verursacht einen ohrenbetäubenden Lärm und am nächsten Tag ist es unmöglich, auf den Straßen vorwärtszukommen. Meine

Eltern nehmen an Hochzeiten und Beerdigungen ihrer christlichen und jüdischen Freunde teil.

MARIAN Bis zum Alter von 4-5 Jahren spreche ich nur Armenisch. Ich lebe in Cachan, in einem Wohnhaus, dessen Besitzer Armenier ist, in dem die Nachbarn alle Armenier sind, die von uns wie eine Erweiterung unserer Familie empfunden werden. Uns gehören zwei Wohnungen, in denen meine Urgroßmutter, meine Großmutter, mein Vater, meine Mutter, mein Onkel, ich und später, nach seiner Geburt, mein kleiner Bruder leben. Unweit vom Wohnhaus befindet sich eine grüne Anhöhe, wo die armenischen Kinder miteinander spielen. Kurz, ich lebe in einer Art Kokon, ohne Kontakt zur Außenwelt, denn das erste Mal, als ich mit Kindern spiele, die Französisch plappern, – ich muss inzwischen zweieinhalb Jahre alt sein – verstehe ich überhaupt nicht, wie es Leute geben kann, die eine andere Sprache sprechen als unsere. Es gibt eine Art von Selbstverständlichkeit der armenischen Identität, die trotz all der Dinge, die ich später erzählen werde, immer unangetastet geblieben ist.

In diesem Milieu reproduziert man das, was bereits in der vorangehenden Generation üblich gewesen war. Meine Eltern arbeiten, meine Großmutter erzieht die Enkel. Ich verbringe die Tage mit ihr und meiner Urgroßmutter. Diese spricht nur Armenisch. Ich sehe sie noch vor mir: sie sitzt in jenem Sessel im Stil der 50er Jahre, rund und ohne Armlehne, den meine Eltern immer noch besitzen. Sie war eine Armenierin der alten Zeit mit einem intensiven Blick und trotz der Unglücksflut, die über sie hereingebrochen war, von einem unerschütterlichen Glauben. Sie war 1929 in Frankreich angekommen. Als sie vom Zug gestiegen war, hatte sie sich mit ausgestreckten Armen, so dass ihr Körper ein Kreuz bildete, auf dem Bahnsteig niedergeworfen, um Gott zu danken.

INSEL Meine Familie misst der Religion nicht große Bedeutung bei. Mein Vater hält den Fastenmonat Ramadan nicht, meine Mutter schon; ich selbst habe in meiner Kindheit nicht mehr als zwanzig Tage fasten müssen. Bei uns gelten auch keine Nahrungsverbote: mein Vater trinkt Alkohol, meine Mutter viel seltener und nur bei großen feierlichen Anlässen. Ich erinnere mich aber, dass es bei uns Brauch war, Teile vom geopferten Lamm an die Armen, seien sie nun Christen oder Muslime, zu verteilen.

Als eher linker Nationalist und Agnostiker ist mein Vater sehr aufgebracht von einer zur Schau gestellten arroganten Religiosität. Zu der Zeit sind es vor allem die Männer, die Empörung auslösen, und weniger die verschleierten Frauen; die Männer sind es, die als „religiös-reaktionär" hingestellt werden. In einer holzschnittartigen Überzeichnung erkennt man den hinterwäldlerischen Muselmann leicht an seinem runden Bart und einer Art Tellermütze, die ihm auf den Kopf geschraubt scheint; er verwendet kein Parfum oder Kölnischwasser – das enthält ja Alkohol! –, sondern reibt sich den Körper mit Rosenöl ein und das stinkt entsetzlich und wirkt betäubend. Der fortschrittsfeindliche Ultrareligiöse trägt bauschige Pluderhosen und Filzpantoffeln, über die er Plastikgaloschen stülpt, die er ohne Mühe ablegen kann, wenn er zur Moschee geht oder die Schwelle seines Hauses übertritt.

In den Augen der Kemalisten ist dieser ultrareligiöse Mohammedaner die Ursache für den Niedergang des Osmanischen Reiches. Er ist die Verkörperung des Reaktionärs. Vergleichbar etwa mit dem Geistlichen in der Interpretation der Jakobiner während der Französischen Revolution. Mein Vater empfindet keinen Hass gegenüber den Gläubigen, denn meine Mutter ist gläubig und meine Großmutter ist sogar sehr fromm. Der Reaktionär wird mit diesen Männern identifiziert – die Frauen, ich wiederhole es, sind nicht Gegenstand der Debatte –, die ihre religiöse Zugehörigkeit auf der Straße offen zur Schau stellen und die einen eindeutigen oder metaphorisch verbrämten antikemalistischen Diskurs pflegen.

Trotzdem ist in der Einstellung meines Vaters wie bei allen Kemalisten eine gewisse Ambivalenz auszumachen. Einerseits hegt er eine gänzlich revolutionäre Abneigung gegenüber dem religiösen Muslim, andererseits hat er kein Vertrauen zu den Christen. Im Alter zwischen 10 und 12 lebe ich in diesem Klima. Ich lese viele nationalistische türkische Romanciers so etwa Ömer Seyfettin, die in der Zeitspanne zwischen 1900 und 1910 geschrieben haben und die offen pantürkische und äußerst rassistische Ideen vertreten. Diese Bücher, die während der ganzen Periode des Niedergangs des Osmanischen Reichs auf dem Balkan verfasst wurden, behandeln die Gräueltaten, welche die muslimischen Bevölkerungsteile hauptsächlich durch die Bulgaren erleiden mussten, so dass sie Ende des 19. Jahrhunderts gezwungen waren, aus Bulgarien zu fliehen. Diese antimuslimischen Pogrome werden mit einem Hass, der nicht hinter dem Berg hält, und offensichtlichem Rassismus breitgewalzt. Nun handelt es sich aber in meiner Familie mütterlicherseits um Flüchtlinge vom Balkan; und väterlicherseits ist ja mein Großvater einer der Türken gewesen, die 1920 bei der Besetzung der Gegend von Izmir von den Griechen gefangengesetzt und als politische Häftlinge deportiert worden sind.

Also bewirkt die persönliche Geschichte meiner Familie, dass ich mich auf Anhieb in einer Umgebung wiederfinde, in der uns die Griechen und die Bulgaren „Böses angetan haben". Mit anderen Worten lässt sich mein Verhältnis zu den Minderheiten folgendermaßen zusammenzufassen: die Juden – ihr Bild liefert der allgemein herrschende Antisemitismus; die Griechen – das Stichwort, das einem zu ihnen einfällt, ist der Krieg zwischen unseren beiden Völkern; aber die Armenier – über die spricht man nicht, sie stellen kein Problem dar.

MARIAN In unserer Familie sorgt die Religion für einen ständig neu aufflammenden Konflikt zwischen meinem atheistischen Vater und meiner gläubigen Mutter, aber auch zwischen meiner Urgroßmutter und meiner Großmutter. Erstere hatte ihren Mann und ihre vier Söhne verloren. Aber sie war trotz dieser aufeinanderfolgenden Schicksalsschläge gläubig geblieben. Sie ist gelassen und heiter gestorben, getröstet vom Gedanken, ihre Lieben im Jenseits wiederzufinden. Im Gegensatz dazu ist der Kelch für ihre Schwiegertochter, meine Großmutter, voll bis zum Rand: sie hat ihren Glauben verloren.

Als mir die Augen allmählich aufgehen und ich beginne, mir über die Welt meine eigenen Gedanken zu machen, hat sich die Situation geringfügig geändert. In den 50er Jahren macht Großmutter Abstriche von ihrer rigorosen Haltung und wünscht nun selbst, den Enkelkindern ein Minimum an religiöser Erziehung angedeihen zu lassen. Also bringt sie mich in die nächstgelegene Kirche. Das ist kein armenisches Gotteshaus. Wir gehen nicht deshalb hin, um an der heiligen Messe teilzunehmen: es handelt sich einfach um das bevorzugte Ziel unserer Spaziergänge. Und dann werden wir Kinder auch dazu angehalten, brav unser Abendgebet zu verrichten. In der Zwischenzeit vollendet meine Mutter ihre Integration in die französische Gesellschaft, indem sie sich für die katholische Sache engagiert, obgleich unsere Familie – wie die meisten anderen armenischen Familien auch – apostolischen Bekenntnisses ist.

INSEL In Istanbul haben die ethnischen und die religiösen Minderheiten einen Sonderstatus. Sehr früh wird mir bewusst, dass wir hier die Einheimischen sind, und dass die Angehörigen der Minoritäten unsere Schutzbefohlenen sind. Meine Mutter hatte mir erzählt, dass beim Militärputsch von 1960 – ich war damals fünf Jahre alt – Herr Shimon und Frau «Dudu» Abenhabib sich zu uns geflüchtet hatten. Seit meinem frühesten Alter habe ich also die Tatsache verinnerlicht, dass „diese Leute verletzlicher sind, dass sie hier nicht wirklich zu Hause sind, weil sie eine andere Sprache sprechen und nicht derselben Religion angehören wie wir". Nennt man denn nicht die Nicht-Muslime, die Christen und Juden, „Frau" Luiz, „Herr" Georg und die Muslime „Bey" und „Hanim"? Die Sprache in der Türkei ist grausam: sie hebt die Unterschiede deutlich hervor. Auch sie nennen meine Mutter nicht Frau Güngör sondern Güngör Hanim und meinen Vater Rahmi Bey.

Jeden Morgen liegen vor unserer Haustür die Zeitungen aus. Sehr bald beginne ich also Zeitung zu lesen. Das Tagesblatt Hürriyet (Die Freiheit), das mit den religiösen Minderheiten nicht gerade glimpflich umspringt, prangert die Treulosigkeit und den Verrat der Griechen an. Beim Barbier liegt Akbaba (Der Geier) herum, ein satirisches Wochenblatt: es enthält Karikaturen vom Juden mit „Hakennase, dem nichts über sein Geldsäckel geht". Dieses sehr beliebte Schmierblatt hat auch die Griechen zur Zielscheibe gewählt, aber vor allem wettert es gegen die Juden. Das ist Antisemitismus in Reinform mit Karikaturen, die an jene erinnern, die bei den Nazis en vogue waren. Diese Darstellungen haben sich meinem Gedächtnis tief eingeprägt. Ich betrachte mit einem durch sie etwas veränderten Auge die Kinder der ethnischen Minderheiten aus meiner Nachbarschaft; bis zum Alter von 10 – 12 empfinde ich keine sonderliche Zuneigung für sie, obgleich Maki in meiner Kindheit einer meiner engsten Kumpel ist. Es gibt eine Art Riss in der Welt meiner Darstellungen. Mit den Griechen haben wir den Zypernkonflikt auszutragen; was die Juden anbetrifft, ist der Antisemitismus der 40er Jahre noch immer lebendig. Und die Armenier? Da scheint es keine Probleme zu geben. Übrigens greift das Wochenblatt Akbaba, das ja immerhin sehr rassistisch und faschistisch ist, so gut wie nie die Armenier an, zumindest kann ich mich nicht daran erinnern.

Bis 1967-68 werden uns weder in der Gesellschaft selbst noch durch die Medien Informationen über die Armenier vermittelt. Sie sind weder besser noch schlechter integriert als die anderen Minderheiten. In der Schule der Republik wird uns die nationalistische Geschichte gelehrt. In meiner Einschätzung sind die Griechen und die Juden compradores, Repräsentanten der internationalen Bourgeoisie. Aber nicht die Armenier. Ich werfe sie nicht in denselben Topf mit Griechen und Juden. Diesen zwei Minderheiten wird im besten Fall mit Herablassung begegnet: man beschützt sie, aber – wie jeder, der die Schwachen beschützt – verachtet man sie auch ein wenig. „Wir sind die Herren in der Türkei, die Besitzer, die einheimische Gruppe, die anderen sind nur geduldet" – dies ungefähr musste ein kleiner türkischer Junge in den 60er Jahren aus all dem verstehen. Aber das – ich betone es noch einmal – betraf nicht die Armenier.

MARIAN Ich erinnere mich nicht, dass die Türkei oder die Türken bei uns ein Gesprächsthema gewesen wären. Man muss an dieser Stelle präzisieren, dass wir zu Hause ein „russisches" Armenisch sprechen. Es enthält wenige türkische Wörter und hebt sich dadurch vom Armenischen ab, das in den meisten armenischen Familien der Diaspora gesprochen wird und bei denen die scmantische Einfärbung durch das Türkische greifbar ist.

INSEL Erst im Alter von 9 oder 10 Jahren gebe ich mir Rechenschaft, dass nicht gerade alles in Ordnung ist. Vom Balkon unserer Wohnung sehe ich einem Haufen spielender Kinder zu. Plötzlich beschimpft eines von ihnen – ich glaube, es war ein Armenier – das andere mit den Worten: „Muselmannskopf, du!". Ich hatte in meiner satirischen Zeitung viele Beschimpfungen gelesen, die den Christen zugedacht waren. Dies hier aber ist ein wahrer Schock! Die verkehrte Welt! Das erste Mal in meinem Leben entdecke ich, dass ein Armenier uns ablehnen kann, einen kritischen Blick auf uns, die Muslime, werfen kann. Diese „Entdeckung" behalte ich für mich, ich spreche mit niemandem darüber und vor allem nicht mit meinen Eltern. Ohne Zweifel hatte ich begriffen, dass es vorzuziehen war, dieses dornige Thema zu meiden. Ich erinnere mich vage, dass ich fürchtete, unangenehme Dinge über die Christen zu erfahren.

In der Grundschule ist die Mehrzahl der Mitschüler Muslime. Aber das ist dann im Gymnasium Saint-Michel in Feriköy, wohin ich als Zehnjähriger für vier

Jahre komme, nicht mehr der Fall. Dies ist eine frankophone Erziehungseinrichtung, die der Kongregation der Brüder der Christlichen Schulen gehört. Zu der Zeit gibt die Schulleitung den Schülern, die ethnischen Minderheiten angehören, eindeutig den Vorzug. Griechen, Juden und Armenier sind hier weit häufiger anzutreffen als Muslime. Man muss ein Schulgeld entrichten und die ärmsten Schüler aus den Reihen der Minderheiten kommen in den Genuss eines Stipendiums. So habe ich etwa einen jüdischen Klassenkameraden, der mit seiner Mutter allein lebt; eine jüdische karitative Organisation sorgt dafür, dass ihm die tägliche Mahlzeit in einem Napf vorbeigebracht werde.

Wie auch Galatasaray werden mehrere dem türkischen Recht unterstellte streng laizistische Gymnasien und Lyzeen – aber diesmal handelt es sich um private Institute – von französischen oder angelsächsischen Ordensbrüdern geleitet. Sie gehören zu den bevorzugten Erziehungseinrichtungen der fortschrittlichen Bourgeoisie. Diese Schulen werden als Bannerträger der Verwestlichung verstanden: dies aber ist gerade das große Projekt des Kemalismus.

MARIAN In Frankreich ist mit 5 Jahren der Kindergarten angesagt: der französische Kindergarten. Mein Leben wird gänzlich auf den Kopf gestellt! In wenigen Monaten verlerne ich die armenische Sprache, folge darin meinen Eltern, die meine Großmutter und Cachan verlassen; sie beziehen eine Wohnung in Sceaux und beginnen untereinander Französisch zu sprechen, denn meine Mutter will meinem Vater, der immer noch Schwierigkeiten mit dem Französischen hat, diese Sprache beibringen. In unserem Wohnhaus in Sceaux gibt es keine weitere armenische Familie. Und wenn wir hier wohnen, so geschieht dies in erster Linie, um den Kindern die richtige Erziehung angedeihen zu lassen, denn hier sind gute Lyzeen; und vielleicht spielt bei dieser Wahl auch die Freiheit meiner Eltern eine gewisse Rolle.

Zum einzigen Bezugspunkt meiner armenischen Identität wird so meine Großmutter. Ihr verdanke ich es, dass ich weiterhin Armenisch sprechen höre, auch wenn ich selbst nicht zwei Worte hervorzubringen imstande bin. Ein einziges bleibt bei mir hängen: bork (Radieschen) – denn das gibt uns die Großmutter jeden Donnerstag als Vorspeise, wenn wir bei ihr zu Mittag essen. Und dann kommt hinzu, dass in der französischen Schule der 50er-60er Jahre jegliche Thematisierung von Unterschieden unterbleibt. Manchmal wäre es mir lieb, wenn man mich nach meiner Herkunft fragen würde. Aber die Leute pfeifen darauf und dann gibt es zu jener Zeit überall auch eine gewisse Zurückhaltung in Bezug auf solche Fragen. Diese Haltung rührt nicht allein von der Gleichgültigkeit her. Der Faschismus hatte die Menschen aufgrund ihrer Herkunft klassifiziert und das ist also etwas, was man tunlichst vermeiden sollte. Man soll alle einfach in Ruhe lassen.

Dennoch habe ich die Gewissheit Armenier zu sein, ich habe das Gefühl einer Differenz, die eher psychologisch als objektiv begründet ist.

Was zum Beispiel unsere kulinarischen Gewohnheiten anbetrifft, so sind unsere Mahlzeiten ein Gemisch aus armenischem Geschmack und französischen Zutaten, die übrigens – wie die Umstände es damals diktieren – in ihrer Zusammensetzung recht schlicht sind. Die typische Speise bei meiner Großmutter: Radieschen (französisch) und Oliven (armenisch). Danach Fleisch mit einer Getreide- oder Reisbeilage (armenisch) oder Nudeln (französisch). Und immer gibt's einen Salat – das ist so armenischer Brauch –, aber Blattsalat und das ist dann die französische Variante. Aber nur sehr selten werden typisch armenische Gerichte zubereitet. Das einzige, woran ich mich erinnere, ist der Duft des Osterkuchens; nachdem wir eines Tages einen Lebensmittelladen in Clamart wiederentdecken, wo diese Kuchen gebacken werden, kann ich nicht mehr genug davon bekommen und jeder Morgen ist von nun an ein Osterfest! Kurz, die kulinarischen Gepflogenheiten sind nicht gerade als untrügliche Gradmesser eines Unterschieds zu gebrauchen. Vielmehr erscheint uns unsere armenische Identität in psychologischen und moralischen Qualitäten verankert zu sein: in Freigebigkeit, Emotionalität, Warmherzigkeit, Großzügigkeit. Diese ganze Spontaneität, zu der wir uns bekennen, wird von einer alles durchwaltenden Schamhaftigkeit, mehr noch: einem Puritanismus im Gleichgewicht gehalten. Die Schamhaftigkeit kommt vielleicht daher, dass wir Angehörige einer Minderheit sind, der Puritanismus von unserer besonderen christlichen Tradition: dem Monophysitismus.

Und dann kommt es zu einem wichtigen Wendepunkt in unserer Familiengeschichte: mein Onkel Émile, der Bruder meiner Mutter, heiratet Alice. Ihr Vater war Präsident der armenischen Republik im Exil und ihre Familie nimmt eine zentrale Stellung in der Gemeinde ein. Jetzt verbringen wir die Sonntage bei ihnen und der Unterschied wird augenfällig. Da isst man armenisch: Dolmas und dann Böreks, die mir bis dahin unter einem anderen Namen, dem russischen, vertraut waren: Piroschki. Eine weitere Überraschung: ich sehe, wie mein Vater mit dem Vater meiner Tante Backgammon spielt. Er macht einen sehr zufriedenen Eindruck: es ist vielleicht zwanzig Jahre her, dass er nicht mehr gespielt hat und jetzt tut er es ausgiebig, den ganzen Tag lang; dies Brettspiel erscheint mir äußerst langweilig, aber es ist für ihn zweifelsohne eine identitätsstiftende Beschäftigung. Und dann beginnt mein Onkel im Umfeld der armenischen Kirche Tätigkeiten zu übernehmen und wird mit der Zeit mehr und mehr zum Armenier. Wir, die Armenier der Diaspora, sind dazu gezwungen, das Armeniertum zu verwerfen, uns zu ihm zu bekennen und dies ohne Unterlass, in beständigem Wechsel! Dank meines Onkels und seiner neuen Familie entdecke ich nun die armenische Poesie und Kultur. Armenien bekommt in meiner Vorstellung immer festere Konturen, einen Körper, eine Seele – auch jenseits des Familienkreises.

In den 60er Jahren kommt es zu einer Auflockerung der Beziehungen mit der Sowjetunion, die Tauwetter-Periode war schon länger angebrochen, und der andere

Onkel, der Bruder meines Vaters, der es in Armenien zu nicht geringem Ansehen gebracht hatte, stattet uns einen überraschenden Besuch ab. Zu dieser Zeit bin ich 12 Jahre alt. Dann kommen meine Großmutter väterlicherseits, meine Kusine… Nach und nach beehrt uns die ganze Familie aus dem sowjetischen Armenien mit Besuchen, die sich auf immer größere Zeiträume erstrecken. Man entdeckt einander, tauscht Liebenswürdigkeiten aus, wobei mein Bruder und ich immer auch peinlich berührt sind, ja sogar Scham darüber empfinden, dass wir uns mit den Verwandten nicht auf Armenisch unterhalten können. Die Position meines Vaters im Kreise der Großfamilie gewinnt mehr und mehr an Bedeutung. Er ist es, der die Beziehungen knüpft, denn der Kontakt ist nicht selbstverständlich. Abgesehen von meinem Vater hat niemand eine Ahnung vom sowjetischen Leben. Was sich hier abspielt, hat auf jeden Fall einen magischen Charakter, denn eine wirkliche Nähe, die durch die Familienbande garantiert wird, verquickt sich mit der unglaublichen geopolitischen Ferne, die zwischen Frankreich und diesem Land hinter dem Eisernen Vorhang herrscht. Gibt es also in unserer Familie ein Gefühl der geographischen Zugehörigkeit, so bezieht es sich auf ein Europa jenseits des Eisernen Vorhangs, nicht aber auf den Orient, wie dies bei der Mehrheit der Armenier in der Diaspora der Fall ist.

INSEL Ich werde mit 14 Jahren im legendären Lyzeum Galatasaray von Istanbul eingeschult. Wir befinden uns im Jahr 1969 und es kommt zu den ersten Zusammenstößen zwischen der Polizei und den Jugendverbänden; es gibt Tote unter den Jugendlichen, als diese zum Beispiel gegen die NATO demonstrieren. Ich selbst bin politisch interessiert, nicht sehr aktiv, eher links eingestellt und ich habe einen ausgesprochenen Hass auf die Rechten. Ich eigne mir eine zutiefst antiimperialistische Rhetorik an, die sich aus dem nationalistisch-türkischen Wortbrei speist. Nach dem Militärputsch 1971 leben wir zwei Jahre im Belagerungszustand: es gibt Ausgangssperren und Razzien in den Wohnungen. Es reicht aus, im Besitz von Marx' Werken zu sein, um von der Polizei oder der Armee ins Kittchen geworfen zu werden. Ich entsinne mich noch, wie ich meine Bücher versteckt habe. Das geschah, um mir selbst eine tüchtige Angst einzujagen! Ich habe sogar begonnen, Stalins Werk über den dialektischen Materialismus zu lesen: um anzugeben natürlich, wenngleich ich zu dieser Zeit bereits von der Bewegung der extrem revolutionären Linken beeinflusst bin. Deniz Gezmiş, Mahir Çayan, die Anführer der Linksextremen, die sich auf der Flucht befinden, sind meine Helden und am Tag, an dem sie festgenommen und gehängt oder meuchlings ermordet werden, bin ich am Boden zerstört.

Im Anschluss an diese Ereignisse habe ich entdeckt, dass auch einige Armenier aus der Türkei Mitglieder dieser radikalen Linksparteien waren. Sie gehörten nicht zu den Anführern und blieben deshalb eher unbeachtet. Letzteres rührt vor allem auch daher, dass die politischen Diskurse dieser extremen Linken weder die Minderheiten noch die Armenier als Gegenstand aufgriffen, dieses Thema also in keiner Weise tangierten.

Am Lyzeum Galatasaray habe ich wohl einige armenische Klassenkameraden, doch ist ihre Zahl viel geringer als in Saint-Michel. Jene republikanische türkische Eliteschule besuchen sowieso hauptsächlich Kinder von Muslimen. 1964 hat die Regierung die griechischen Bewohner, die nicht türkische Staatsbürger waren, aus dem Land gejagt. Zu dieser Zeit verstärkt sich der Druck auf die Minderheiten und unzählige Griechen und Juden verlassen die Türkei, weil sie erkennen, dass sie in diesem Land keine Zukunftsperspektiven mehr haben. Dies führt dazu, dass wir immer weniger christliche und jüdische Mitschüler haben, und doch beunruhigt uns das nicht weiter. Einige haben schlechte Geschäfte abgeschlossen, die Banken verweigern ihnen Kredite und dies veranlasst sie dazu, das Land Hals über Kopf, fast über Nacht, zu verlassen. „Noch ein Jude, der die Zeche prellt und flieht" titelt eine Zeitung. Kein Zweifel, für uns sind das verbürgte Tatsachen. Von heut auf morgen bricht 1971 Herr Niko und seine gesamte Familie nach Griechenland auf. Wir erfahren es aus den Zeitungen. Unser Freund soll sich auf diese Weise vor der Verpflichtung, seine Schulden zu bezahlen, gedrückt haben. Später stellte es sich heraus, dass er und seine Familie das Land gewissermaßen nur mit den Kleidern, die sie auf dem Leib trugen, verlassen hatten.

MARIAN Unsere Kindheitserinnerungen, Ahmet, sind unterschiedlich. Meine konzentrieren sich auf die Familie, deine auf die Nachbarschaft. Dieser Unterschied spiegelt unterschiedliche Realitäten wider. Was mich betrifft, so ist mein Identitätsbezug individuell und reversibel, das heißt in jedem Fall veränderlich in seiner Intensität und in seinem Inhalt. Ahmet hingegen ist Teil einer globalen Gesellschaft, in der die Armenier sowohl objektiv als auch in den Vorstellungen, die man sich über sie macht, einen festen Platz einnehmen, selbst wenn es sich dabei nur um einen unbedeutenden handeln sollte. Dieser Unterschied im Blick, den wir auf die Welt richten, sagt auch einiges über die beiden Gesellschaften aus, in denen wir damals leben: die französische ist sehr laizistisch geprägt, in ihr werden die Unterschiede nicht im öffentlichen Raum thematisiert; in der türkischen hingegen bleibt das Gemeinschaftsgefühl weitgehend strukturierend, eine Tatsache, die im Kontext der Zeit von damals als Rückständigkeit, als Relikt erscheinen muss; aus heutiger Perspektive aber ist die türkische Gesellschaft den anderen vielleicht voraus.

Und dann wäre noch etwas anzumerken über die Entwicklung, die der armenischen Frage in der Türkei der 50er-60er Jahre beschieden ist. Es gibt eine Art Nullstufe der armenischen Präsenz in ihrer Eigenschaft als eigenständige Minderheit: weder muss man wie mit den Griechen eine politische Streitsache austragen, noch gibt es den schwelenden Rassismus, wie er gegen die Juden geschürt wird. Erst heute ist sie zu einem Lackmustest der Demokratie geworden.

INSEL Es ist wahr, dass die Identitätsunterschiede, waren sie nicht religiös determiniert: Muslim/Nicht-Muslim, eingeebnet und zum Verschwinden gebracht worden sind. So sprach man in meiner Kindheit in den 60er Jahren sozusagen überhaupt nicht über die Kurden. Die Griechen, die Armenier, die Juden waren sichtbar in meiner kleinen kosmopolitischen Welt. Bei einem Kind aus dem anatolischen Bursa hingegen hätte dies wohl eine ganz andere Wirkung hervorgerufen, weil es in den 50er-60er Jahren dort praktisch keine Armenier mehr gab. Also lebte das Kind aus Bursa in einer Türkei, in der die religiösen Minderheiten unsichtbar geworden waren.

Das, was im Vergleich zu Frankreich gänzlich anderes war, ist die Tatsache, dass es keine staatlichen Schulen gab, die als Schmelztiegel der unterschiedlichen Volksgruppen gedient hätten. Die Mehrzahl der Kinder aus griechischen, armenischen und jüdischen Familien ging in die Grundschulen ihrer jeweiligen Gemeinden oder in Schulen, die von christlichen Kongregationen geleitet wurden wie etwa das frankophone Gymnasium Saint-Michel, das ich selbst besucht habe. Zur Durchmischung kam es erst später, an der Universität: das war ein richtiger „melting pot". Universitäten, die von den einzelnen Gemeinschaften verwaltet worden wären, waren verboten. Es gab im Gegensatz zum Libanon beispielsweise, die eine maronitische Universität haben, bei uns keine katholische, sunnitische oder andere Universität in kirchlicher Trägerschaft. Der Lebensstandard der Armenier, so will es mir heute scheinen, war dem der

Durchschnittstürken vergleichbar. Ich erinnere mich, dass unser Anstreicher Armenier war. Seine Frau war unsere Haushaltshilfe. Der Lebensmittelhändler an der Straßenecke war ebenfalls Armenier, es gab armenische Klempner, armenische Kleinhändler. Aber das, was ihnen allen untersagt war – wir hatten davon natürlich keine Ahnung –, war der Eintritt in den Staatsdienst, der zu jener Zeit eine glänzende Laufbahn und ein äußerst bequemes Einkommen gewährleistete. Laut den offiziellen Verlautbarungen hatte ein jeder Zugang zu den Aufnahmeprüfungen, die man bestehen musste, um in den Staatsdienst einzutreten. Und doch waren weder in der Armee, noch im Justizwesen, noch in den Präfekturen, noch in der Schatzkammer jemals Armenier, Juden oder Griechen anzutreffen.

MARIAN Das klingt ein wenig so, als ob die türkische Gesellschaft es im tiefsten Herzen nicht vertragen würde, dass ihre Minderheiten auf gleicher Augenhöhe mit ihr leben. Dasselbe war im 19. Jahrhundert mit der Einführung der Tanzimat eingetreten, jener Reformen, welche die zivilrechtliche Gleichheit aller Untertanen, der Muslime und der Christen, durchsetzen. Diese Gleichheit verschwindet in den Kriegswirren, aus denen der Vertrag von Lausanne hervorgeht, der zwar die Minderheiten anerkennt, ihnen aber zugleich einen Sonderstatus zuweist. Man lebt in der Republik, aber die zivilrechtliche Gleichheit hat man nicht.

INSEL Das System ist auch heute noch äußerst abnorm. Wie du bereits erwähnt hast, Michel, können die Angehörigen der Minderheiten, darunter die Armenier, ihre sprachliche und religiöse Eigenart bewahren, sind aber dadurch sofort gebrandmarkt und haben nicht die gleichen Rechte wie die Türken. Sie werden als fremde Bürger wahrgenommen. Dieser Begriff, „fremder Bürger", wurde sogar ein oder zwei Mal in Anordnungen des Obersten Gerichtshofs oder in der offiziellen Berichterstattung verwendet und gewährt dadurch einen aufschlussreichen Einblick in das Kollektivbewusstsein. Dieses aber ist zweifelsohne von der Tatsache sehr beeinflusst, dass die Armenier, da wir nun einmal über sie sprechen, nicht den schulischen Werdegang der Republik durchlaufen, nicht genau dieselben Lehrpläne haben wie die anderen, und all dies, trotzdem sie sich unter der strengen Überwachung des nationalen Erziehungsministeriums befinden. Es handelt sich also um Bürger, die nicht von der „Feile" der republikanischen Schule stromlinienförmig poliert worden sind und denen infolgedessen mit äußerstem Misstrauen zu begegnen ist. Notwendigerweise ist der „fremde Bürger" nicht zuverlässig, seine Treue gegenüber der Republik ist nicht selbstverständlich.

MARIAN Im Gegensatz dazu habe ich in Frankreich niemals eine Diskriminierung empfunden. Man hielt mir nie entgegen, das Kind aus der Fremde zugewanderter Eltern zu sein, die sich erst vor Kurzem hier niedergelassen hatten. Die Universalität der Rechte der Republik war Realität; dies wird sich später, mit den 90er Jahren, ändern, aber zwischen 1950 und 1960 stellt sich diese Frage nicht.

INSEL Man sagt manchmal, dass der Armenier in der Türkei aufgrund seiner Vorlieben und seiner Lebensweise dem muslimischen Türken näher stehe als die Mitglieder der übrigen Gemeinschaften. Selbst physisch sind sich die beiden ähnlicher, in ihren kulinarischen Gewohnheiten, in ihrer Volksmusik ebenfalls, und es scheint, dass unter den Armeniern auch weitaus häufiger Türkisch gesprochen wurde. Wenn ein Grieche Türkisch sprach, erriet man ziemlich schnell, dass der Sprecher ein Grieche war. Dies traf aber auf die Armenier nicht zu. Wir haben in der Türkei das Buch «MK», Bericht eines armenischen Deportierten – 1915 herausgegeben. Man hat dem Buch eine CD-ROM mit Bericht dieses Armeniers beigefügt, der die Deportation überlebt und sein Leben in Australien beendet hat. Er erzählt selbst. Man hört seine Stimme. Er hat den Akzent eines Türken, der aus einem ostanatolischen Dorf stammt.

MARIAN „Der Armenier ist da. Was tut's!" – das ist es in der Tat, was ich mir auch sagen muss, wenn ich Ahmet zuhöre. Wir befinden uns in der gleichen Situation wie zu Anfang des 19. Jahrhunderts, als die Armenier die „treue Nation" des Osmanischen Reiches waren, ohne das geringste politische Problem aufzuwerfen. In den 50er Jahren kann man sich sagen, dass in gewisser Weise Talat Paschas Programm erfolgreich durchgesetzt worden ist: das „armenische Problem ist gelöst". Im Gegensatz dazu ist die Beziehung zu den Armeniern heute wieder eine Angelegenheit der Politik geworden.

Was mich betrifft, so höre ich in meiner Kindheit nicht, dass über Türken gesprochen würde. Aus zwei Gründen meidet man das Thema: zum einen will man die Kinder schützen, möchte verhindern, dass die Last der Leiden oder der grausamen Erinnerungen auch sie niederdrücke; der zweite Grund, der den ersten ergänzt, ist der Integrationswille. Sicherlich gibt es aber Dinge, die sich einem verborgenen Winkel des Bewusstseins als ein Wissen um Unglück und Feindseligkeit eingeprägt haben. Das kann man übrigens ohne Weiteres feststellen, als die Forderungen nach der Anerkennung des Völkermordes laut werden: sehr schnell ist die frontale Opposition aufgebaut. Alles, was der Türkei Vorteile einbringen könnte, ist in den Augen der Armenier falsch oder schmerzlich, weil es ungerecht ist.

INSEL Auch in unseren Geschichtsbüchern herrscht Schweigen. Im Wesentlichen lehrt man uns den nationalen Befreiungskrieg der 20er Jahre. Ende der 60er Jahre ist die Frage des Armenischen Völkermordes nicht an der Tagesordnung, also spricht man nicht darüber. Es werden keine offenen Hasstiraden gegen die Armenier geführt, doch kursieren Gerüchte des Inhalts, dass gegen Ende des Osmanischen Reiches die religiösen Minderheiten mit den imperialistischen Mächten kollaboriert hätten. Aber ich erinnere mich überhaupt nicht, dass über die Armenier im Besonderen gesprochen worden wäre. Der totale black out also: man spricht weder über die Deportation, noch über irgendwas, was mit ihr in Zusammenhang gebracht werden könnte. Und da man nicht über die Deportation spricht, spricht man im Gegensatz zu heute auch nicht über die armenischen Banden, die während des Krieges Türken getötet haben.

Aber dieses Schweigen betrifft nicht nur die Armenier. Ich habe den Eindruck, dass man nicht oder nur sehr selten über die Geschichten jener Muslime spricht, die vom Balkan oder aus dem Kaukasus fliehen mussten oder dort getötet worden waren. Man spricht nicht einmal vom erzwungenen griechisch-türkischen Bevölkerungsaustausch von 1923, der ganz und gar offiziell ist. In Bezug auf all diese Fragen herrscht eine gewisse schambesetzte Zurückhaltung. Das ist heute nicht mehr der Fall. Und überdies ist die Durchführung solcher Deportationen weit verbreitet in der osmanischen Geschichte; es handelt sich um eine gängige Praxis der Bestrafung oder der Siedlungspolitik.

Ich bin 15 Jahre alt, als ich Dogan Avcioglus Buch Die Ordnung der Türkei entdecke. Dieser nationalistische Autor der Linken erwähnt darin zwar die Deportationen der Armenier nicht, widmet aber einen kurzen Abschnitt seines Buches den Güter, die in Adana von den Armeniern zurückgelassen worden waren: sie wurden dem lokalen muslimischen Bürgertum ausgehändigt. Da beginnt mir zu dämmern, dass an dieser Sache wahrscheinlich etwas faul ist. Aber das schockiert mich nicht sonderlich, denn es weckt bei mir die Erinnerung an die vom Sultan verordneten Zwangsenteignungen, die in der osmanischen Geschichte üblich waren.

MARIAN In Bezug auf das Schweigen ist an dieser Stelle noch eine Bemerkung angebracht. Der Bericht, den ich von den Auswirkungen des Völkermordes auf meine Familie geliefert habe, wurde von mir auf der Grundlage von Erinnerungen, die ich in verschiedenen Augenblicken meines Erwachsenenalters eingefordert habe, rekonstruiert. In der Kindheit hörte ich zwar die Wörter Genozid, dshart (Massaker), gart (Exil), aber sie waren nicht an mich gerichtet. Man spricht nicht vor den Kindern, sie werden „beschützt". Aber diese schambesetzte Zurückhaltung reicht viel weiter zurück. Man baut eine Mauer aus Schweigen um das Unaussprechliche auf, um die von der Familie als unantastbar empfundenen Dinge. Und das wird mir, aber auch nur teilweise, erst im Alter von 19 Jahren bewusst. Wir sind im Jahre 1971 und ich soll an der École normale supérieure zur mündlichen Prüfung antreten. Noch eine dieser Aufnahmeprüfungsgeschichten – wir sind ja in Frankreich, nicht wahr? Ich bin ein guter Schüler, arbeite den Lernstoff gewissenhaft durch, bestehe die Aufnahmeprüfungen, kurz, mache alles gut und gänzlich unpersönlich. Die mündliche Geschichtsprüfung besteht aus der Bearbeitung zweier Themen. Das erste kann man frei wählen –

ich entscheide mich für die Industrialisierung in Frankreich im 19. Jahrhundert – und eine halbe Stunde steht zu seiner Vorbereitung zur Verfügung; das ist ein absolut langweiliges Thema, da ich aber ein sehr guter Schüler bin, ratter ich alles tadellos runter. Und jetzt kommt also der Augenblick, in dem ich die Lorbeeren ernten soll. Man zieht das zweite Thema auf gut Glück; diesmal kann man nicht wählen. Ein einziges Thema. Und das, was dabei – gelinde gesagt – sadistisch anmutet, ist, dass man keine Zeit zum Nachdenken hat: die zwei prüfenden Professoren beginnen einen sofort mit ihren Fragen zu bombardieren. Und was bitte ziehe ich für ein Thema? „Mustafa Kemal"! Zunächst habe ich nur das unbestimmte Gefühl, dass das nicht einfach sein wird, denn es ist im Vergleich zu Churchill oder Hitler, die ich aus dem Effeff beherrsche, ein ziemlich randständiges Thema. Und dann, plötzlich, bin ich blockiert…ich bringe zwei, drei unbedeutende Dinge an. Alles äußerst mager. Die Jurymitglieder sind ziemlich freundlich, sie haben bereits die Ergebnisse der schriftlichen Prüfung eingesehen, die vorzüglich sind, und dann war ich auch im ersten Teil des mündlichen Examens sehr gut. Also wollen sie mir helfen. So fragt mich beispielsweise der eine: „Nun, was riskierten die Türken, die trotz des Verbots den Fez trugen?" Unmöglich, auf diese Frage zu antworten. Der Professor deutet an seinem Hals mit einer Bewegung der Handkante die Enthauptung an. Und in diesem Augenblick bilde ich mir ein, dass irgendetwas in meiner Identität sie veranlasst, von mir zu erwarten, dass ich gegen Mustafa Kemal Stellung beziehe. Und das ärgert mich, denn ich soll ja eigentlich unparteiisch sein. Also antworte ich nicht, ich greife nicht nach dem rettenden Strohhalm, den mir der Professor hinhält. Und die ganze mündliche Prüfung wird sich auf diese Weise stockend hinschleppen. Mit anderen Worten: ich gelte als jemand, der Mustafa Kemal nicht lieben kann, und gleichzeitig will ich das nicht laut herausposaunen und überhaupt weiß ich viel zu wenig über ihn, als dass ich die Tatsache, dass ich ihn nicht liebe, begründen könnte. All dies erscheint mir damals bei weitem nicht in dieser Klarheit, selbst wenn ich das dumpfe Gefühl habe, dass die Türkei und ich keine Freunde sind, aber erklären kann ich dies nicht, denn in den Geschichtsbüchern in Frankreich kommt unsere Leidensgeschichte auch nicht mehr vor. Zwischen den beiden Weltkriegen, zu der Zeit, als meine Mutter das Lyzeum besuchte, hatten die Massaker an den Armeniern tatsächlich ihren Platz im Kapitel über den Ersten Weltkrieg und oft führte dies zu einer besonderen Sympathie der Lehrer für die armenischen Schüler. In den 50er-60er Jahren, in meinen Lyzeumsjahren, erwähnten die Geschichtsbücher die Armenier nicht mehr. Sie waren spurlos verschwunden. Man wird die 80er Jahre abwarten müssen, damit die jungen Franzosen Schritt für Schritt wieder entdecken, was sich 1915 abgespielt hatte, und damit das Wort „Genozid" in den Mund genommen werde.

Schall und Wahn (die Jahre 70-80)

MARIAN Wenn ich mich in der linksextremen Szene engagiert habe, so rührt dies zunächst daher, dass sich die Männer in meiner Familie grundsätzlich für Politik interessieren. Des Weiteren ist ausschlaggebend, dass die große Mehrheit der Studenten ab 1968 der radikalen Linken angehört. Darin ist also nichts ungeheuer Originelles zu sehen, selbst wenn bei mir vielleicht ein Streben nach Universalismus hinzukommt, das bei den Minderheiten immer sehr stark ausgeprägt war. Zum Zeitpunkt, da ich mich aber für eine „Unterfamilie" in der Linksextremen entscheiden soll, ist es für mich eine ausgemachte Sache, dass ich nicht Maoist werde: Stalin ist eines der Idole der Maoisten! Revolutionär, einverstanden, aber weder Stalinist, noch Maoist, und nur kurzfristig Leninist. Ich habe das Bedürfnis, meine Distanz zu allen politischen Strömungen, die zur Diktatur führen können, unmissverständlich kenntlich zu machen. Ich ziehe es also vor, mich der trotzkistischen oder der ultralinken Bewegung anzunähern.

Ich war zugegebenermaßen etwas naiv. Meine kleinen Grenzziehungen waren eher theoretischer Natur, keinesfalls realistisch und bald sollte ich all meine Illusionen verlieren. Denn wir, jene Armenier, die Familienmitglieder im sowjetischen Armenien hatten, haben in sehr konkreter Weise die Schwierigkeiten und Zensuren jeder Art mitbekommen, denen die dortige Bevölkerung ausgesetzt war. Ganz zu schweigen von der Geschichte:

1936 wurde die Blüte der armenischen Intelligenzija und der armenischen Literaturszene durch das Regime liquidiert: der Dichter Yeghische Tscharentz, aber auch Genozid-Überlebende wie der Schriftsteller Vahan Totoventz oder die Romanautorin Zabel Essayan kamen damals gewaltsam ums Leben.

INSEL Ich treffe am 23. September 1973 in Paris ein, am Tage einer großen Demonstration, die, so glaube ich, nach dem Tode von Neruda organisiert wurde. Es handelt sich dabei auch um eine Demonstration gegen den Militärputsch von Chile und die Ermordung von Allende. Als Einstieg in die Szene ist dies für einen jungen linken Studenten, der gerade aus der Türkei kommt, nicht schlecht! Aber das Jahr 1973 bleibt für mich auch durch den Ausbruch des armenischen Terrorismus in denkwürdiger Erinnerung. Der Auftakt ist die im Januar in Kalifornien stattfindende Ermordung des Konsuls und Vize-Konsuls der Türkei. Die Geschichte ist haarsträubend. Ein aus der Türkei stammender alter Armenier von 78 Jahren – er behauptet, die Türkei vor sechsundzwanzig Jahren verlassen zu haben – lädt zwei türkische Diplomaten unter dem Vorwand, ihnen ein osmanisches Gemälde als Geschenk für den türkischen Staat zu überreichen, in ein Hotel in Santa Barbara in Kalifornien ein. Und da tötet der alte Armenier die beiden Diplomaten. Das ist die kaltblütige Rache schlechthin.

In Paris bin ich Mitglied der Kommunistischen Partei, doch sprechen wir nicht über das armenische Problem – zumindest nicht während der Zellen- oder Sektionsversammlungen in meinem Umkreis. Als aber einer meiner türkischen Freunde und ich selbst in die Union der kommunistischen Studenten eintraten, haben uns die Sektionsverantwortlichen noch vor unserem Eintritt in die Kommunistische Partei Frankreichs nahegelegt, einen französischen Namen anzunehmen – ich habe „François" gewählt –, um nicht den Verdacht der Polizei auf uns zu lenken. Zu jener Zeit herrscht in den Reihen der Fremden, die in die kommunistische Partei eintreten möchten, noch eine gewisse Furcht. Dies ist, man darf's nicht vergessen, das Frankreich Giscards und Poniatowskis!

Ich erinnere mich dennoch an einen alten kommunistischen Armenier, der damals in der Rue de la Huchette Paul Lafargues Das Recht auf Faulheit feilbietet. Wir sprechen über Gott und die Welt miteinander, nur nicht über das armenische Problem. In der Partei habe ich zwar auch einige armenische Genossen – aber auch da: totales Schweigen über diese Sache. Diese armenische Geschichte gehört für mich eher der Vergangenheit an. Das, was mir vor allem wichtig ist, ist der Klassenkampf, die Revolution! In der Türkei verhärten sich die Positionen, die Repressionen durch die Regierung der Nationalistischen Front werden immer deutlicher spürbar und die Zusammenstöße zwischen den Militanten der Linken und den Militanten der Rechten vermitteln allmählich den Eindruck eines schwelenden Bürgerkriegs und die Spannungen in der Heimat finden ihren Niederschlag in unserem türkischen Studentenverbund in Frankreich, dem ich kurzzeitig vorstehe. Das armenische Problem ist in diesem Augenblick wirklich die geringste unserer Sorgen; später habe ich erfahren, dass die türkischen Studenten armenischer Abstammung miteinander in Kontakt standen und den Genozid zum Diskussionsthema machen wollten: ohne Erfolg…

MARIAN Ich erinnere mich auch an den alten Armenier in der Rue de la Huchette; er hieß Kurkdjan. Das war ein kleiner Herr, bereits uralt, der tatsächlich Das Recht auf Faulheit verkaufte, während er selbst die unglaubliche Anstrengung machte, immer zur Stelle zu sein: jeden Tag, trotz seines Alters, inmitten der jungen Langhaarigen, die bis in die Puppen schliefen und natürlich die Forderung: „Alle Macht den Arbeitern!" verteidigten.

INSEL Ja, dieser alte Mann war eine sehr rührende Person, er sprach Französisch mit einem sehr ausgeprägten armenischen Akzent. Wenn ich an ihn zurückdenke, fällt mir noch ein anderer Armenier ein, der in der Rue de Latran, in der Nähe der Sorbonne, ein kleines Restaurant betrieb. Seit meiner Ankunft in Paris ging ich regelmäßig zu ihm, um Bouletten, Köfte, Dolmas und Pilaf-Reis zu essen. Damals gab es noch keine türkischen Gaststätten in Paris. Wenn man türkisch essen wollte, ging man zu jenem Armenier.

MARIAN Mitte der 70er Jahre entdecke ich Armenien. Armenien und meine Familie. Kürzlich habe ich meinem Vater gesagt: „Ihr hättet uns immerhin ein bisschen mehr vermitteln können: Euer Armeniertum hatte überhaupt keinen Inhalt!" Darauf hat er mir geantwortet: „Du hast getan, was du tun musstest, du hast dein Studium beendet und sobald du frei warst – was hast du gewählt? wohin bist du da gegangen? Nach Armenien! Was willst du mehr!"

Mein Vater hat vollkommen recht. Ich mache 1974 mein Staatsexamen in Philosophie und zwei Jahr später bin ich bereits auf dem Weg nach Armenien. Ich bin 24 Jahre alt und ich habe den Eindruck, eine Entscheidung getroffen zu haben, eine wirkliche Entscheidung, ich beschreite den Weg meines Vaters in umgekehrter Richtung: ich breche alleine auf, ohne ein einziges Wort Armenisch zu sprechen, die Leute aber, die mich dort empfangen, sprechen nur Armenisch und Russisch. Zwei Jahre vorher waren bereits meine Mutter, mein Bruder, mein Onkel und meine Tante hingefahren. Diese Reise war nicht meine Erfindung. Das Neue daran war lediglich, dass ich mich ganz allein auf den Weg machte.

Michael J. Arlen, ein Armenier aus Aleppo, hatte ein Buch geschrieben, Passage to Ararat, in dem ich mich ganz und gar wiederfinden konnte. Armenien – so beschreibt er es – wird von der Diaspora als etwas empfunden, das mit dem eigenen Leben nichts zu tun hat, das dabei ist, sich in Nichts aufzulösen; aber wenn man endlich dort ist, im sowjetischen Armenien, wird dies

Land auf einmal die Luft, die man atmet, das Blut, das einem in den Adern fließt, auf einmal ist alles natürlich. Die Beziehungen der Diaspora zum Armeniertum neigen dazu, forciert, heroisch, tragisch, idealisiert zu sein, während in Armenien Armenier zu sein schlicht und einfach das Leben ist, mit seinen Wechselfällen, in seiner Selbstverständlichkeit.

Mit dieser Reise nach Armenien gerät bei mir plötzlich alles in Bewegung. Die Einfachheit und die Intensität der Begegnung mit dieser bis dahin unbekannten Familie haben meinem Armeniertum Tiefgang verliehen. Der Schriftsteller William Saroyan drückt dies sehr treffend aus: „Überall, wo sich zwei Armenier begegnen, erschaffen sie Armenien neu."

Ab diesem Augenblick im Jahre 1976 fühle ich mich als Armenier. Das ist eine Wirklichkeit geworden, also kann es auch eine Frage werden. Mit 24 Jahren liegt die Anstrengung, sich vom Jugendlichen zum Erwachsenen zu mausern, bereits hinter mir und ich kann mich auf die Suche nach mir selbst machen, auf die Suche nach jenem Teil der familiären Identität, der in etwas Schwieriges und Steriles verwandelt worden war. Ich habe den Jungen wiedergefunden, der im Kreise seiner Familie Armenisch gesprochen hatte. In gewisser Weise war es nicht Erzurum, sondern Cachan, das ich für mich zurückeroberte. Ich musste bis nach Jerewan gehen, um Cachan wiederzugewinnen. Ich musste zunächst das Armeniertum zurückerobern, bevor ich mir die Frage nach der Erinnerung, der Anerkennungsforderung, der Politik stellen konnte. Und diese Re-Armenisierung vollzog sich in Jerewan. Aus diesem Grund, gerade weil sich dieser Prozess in Jerewan vollzog, musste er zwangsläufig zu einem vermittelnden Scharnier werden, zum vermittelnden Scharnier, das von der greifbaren Wirklichkeit eines armenischen Lebens, das hier und jetzt existiert, bereitgestellt wird und das natürlich ein Problem der Gerechtigkeit hat, aber daneben auch andere Probleme.

Ich kehre also aus Armenien heim und habe wieder begonnen, Armenisch zu sprechen und habe mir selbst bewiesen, dass ich Armenier bin, dass ich fähig bin, gleichzeitig in Frankreich und anderswo zu sein. Und ich beginne, mich für die Armenische Frage zu interessieren. Zu der Zeit herrscht eine ziemlich aufgeladene Stimmung, die von Universalismus und Revolution geprägt ist. In den 70er Jahren versammelt man sich zu Demonstrationen für Chile. Ich marschiere nach dem Tod von Allende in derselben Demonstration mit, in der sich auch Ahmet befindet.

Und dann, allmählich, bahnt sich ein Umschwung an und partikularistische Forderungen werden nicht mehr unbedingt als mit universalistischen Forderungen im Widerspruch stehend empfunden. Ich entferne mich vom Linksextremismus und werde empfänglicher für partikularistische Bestrebungen. Wie stellt sich all dies dem Bewusstsein dar? Ich glaube, ausschlaggebend ist der Platz, den die Erinnerung an die Schoah in der globalen Wahrnehmung der Welt, der Werte, der Veränderungsbestrebungen eingenommen hat. In diesem Augenblick also werde ich empfänglicher für die Diskussion über den armenischen Völkermord und für die Un-Gerechtigkeit, die ihm zuteilwurde. Fetzen der Geschichte, Angelpunkte wie der 24. April, aber auch ein Gefühl der Angst den Türken gegenüber, all diese Bruchstücke, die in einem Winkel meines Bewusstseins geschlummert hatten, bekommen jetzt konkrete Konturen. Und ich fordere einen Bericht der Geschehnisse.

Es ist meine Mutter, die mir die Ereignisse erzählt, die ihr von ihrer Großmutter überliefert worden waren. Letztere war eine unmittelbare Zeugin gewesen. Aber es gibt eben Familien, da muss man zehnmal fragen, um einmal eine Antwort zu bekommen: das ist der Fall in meiner Familie. So hat mich also der Bericht über den Genozid als eine lange Folge von Bruchstücken erreicht, in einem Zeitraum von fast zwanzig Jahren.

Ich habe tatsächlich das Gefühl, dass in meiner Mutter, als sie mir erzählte, dieselbe Zurückhaltung oder Scham wieder auflebte, die die Wiedergabe der Geschichte damals begleitet haben muss, als sie sie selbst zu hören bekommen hatte. So wurde ihr der Tod der Söhne niemals direkt von deren Mutter Hripsime, ihrer Großmutter also, erzählt, sondern viel später von einem anderen Angehörigen der Familie, der in Armenien lebte.

Diese Berichte erfolgten immer dann, wenn die Familien sich wieder begegneten: man entfernte in solchen Augenblicken die Kinder und die Großmütter konnten mit dem Erzählen beginnen. Oft trugen sie noch Wunden, die nie wirklich vernarbt waren: so wurde meine Urgroßmutter noch immer von ihrem Gewissen gepeinigt, weil sie es damals gegen ihren Mann durchgesetzt hatte, die Söhne aus dem Lyzeum in Konstantinopel für die Ferien nach Hause kommen zu lassen. Was bei diesen Überlebenden zählte, war das Auffinden und das Benennen jenes Augenblicks, in dem ein Zufall, eine glückliche Fügung, vielleicht ein göttliches Eingreifen in die Geschehnisse auszumachen war – dies war ein Mittel, dem eigenen Überleben Sinn zu verleihen.

INSEL Ich bin neugierig zu erfahren, Michel, wie du und deine Umgebung auf die ersten Attentate der Armenischen Geheimarmee zur Befreiung Armeniens (ASALA) reagiert habt?

MARIAN Bei den ersten Anschlägen der ASALA war jeder Armenier hin und her gerissen zwischen dem Schock, dem Unbehagen, selbst mit terroristischen Akten assoziiert zu werden, und der Feststellung ihrer unleugbaren Medienwirksamkeit. Endlich sprach man über die Armenier in den Zeitungen! Genauer: wenn es einen Anschlag der ASALA gab, sprach man über den Genozid – sonst nie. Und überdies klang der Name ASALA wie ein Peitschenhieb, er war gut gewählt worden.

Die berühmte „Operation Van", die Geiselnahme in der türkischen Botschaft in Paris, im September 1981, im Frankreich Mitterands, zu der sich die ASALA bekennt, ist in den Augen aller Armenier ein Remake der am 26. August 1896 erfolgten Besetzung der Osmanischen Bank in Konstantinopel durch ein Kommando der Daschnak-Partei. Damals hatte es unter den Geiseln keine Tote gegeben, aber der türkische Mob metzelte als Reaktion Hunderte von Armeniern nieder. Im September 1981, in Paris, wird ein Leibwächter getötet, die Gewalt ist auf ein Minimum reduziert; die Attentäter ergeben sich und werden verurteilt. Am Abend des Tages, an dem es zu diesem Anschlag gekommen war, bin ich zur Menge der Armenier gestoßen, die sich für mehrere Stunden vor der Botschaft versammelt hatten, weil es Scharmünzel mit Türken gab.

INSEL Ich bin natürlich nicht zur Botschaft gegangen. Zu jener Zeit waren unsere Beziehungen zu den türkischen Behörden unterkühlt. Dies war unmittelbar nach dem Militärputsch von 1980 und dies bedeutete, dass für uns, die wir Türken und Linke waren, der türkische Staat sich fortab in den Händen von Faschisten befand. Wir vermieden es, mit den offiziellen Vertretern der Türkei in Berührung zu kommen.

MARIAN Trotzdem brachte ich der ASALA nicht eine allzu große Sympathie entgegen. Ich war des Linksextremismus überdrüssig und empfand eine gewisse Abneigung gegenüber Gewalttaten, selbst wenn sie gerechtfertigt sein mochten, und Misstrauen bezüglich bewaffneter Aktionen seitens einer politischen Gruppierung. Wir interessierten uns hingegen für den diplomatischen Kleinkrieg, den sich Türken und Armenier auf der von den Vereinten Nationen bereitgestellten Bühne lieferten. Jeder türkische Diplomat wollte die unliebsame Affäre unter den Teppich kehren, so dass es uns nicht sonderlich aufregte, wenn so ein Kandidat Zielscheibe der Anschläge wurde. Doch fühlte ich mich nie bereit, der ASALA beizutreten, und auch unterstützt habe ich sie nicht. Ja zur Freude des Erwachens, aber auch nicht mehr! Ich habe mich den Demonstrationen angeschlossen; der 24. April zum Beispiel ist zu einer Versammlung geworden, an der teilzunehmen ich mich verpflichtet fühlte und in der ich die Anerkennung des Genozids forderte. Aber ich hatte trotzdem Vorbehalte, wenn es darum ging, während der Demonstrationen die Parolen der ASALA zu skandieren.

INSEL Zahlreiche türkische Botschafter sind während der Ausübung ihrer amtlichen Tätigkeit in Paris, Madrid, Wien, Burgas, Beirut ermordet worden. Ihre Ehefrauen, ihre Kinder und andere Personen, die sich zufällig in der Nähe befanden, sind beispielsweise in den Flughäfen von Ankara und Orly ebenfalls ums Leben gekommen. Insgesamt soll die ASALA wenigstens 45 Personen getötet und mehr als 300 verletzt haben.

1971 ist der israelische Generalkonsul von der Türkischen Volksbefreiungspartei-Front (THKPC), einer linksradikalen Organisation, der ich als Sympathisant nahe stand, in Istanbul entführt und getötet worden. Es war also nicht das erste Mal, dass Diplomaten Zielscheiben von Anschlägen wurden. Aber das Leitprinzip war immer gewesen, dass der bewaffnete Kampf in einem fundamentalen sozialen Anliegen verankert sein musste und bei der ASALA war gerade dieses soziale Grundanliegen nicht eindeutig auszumachen.

1982 hatten zwei militante Aktivisten der ASALA den Flughafen von Ankara erstürmt und im Zusammenstoß zwischen den Aktivisten und den Ordnungskräften sind 8 Personen ums Leben gekommen. Der eine der beiden Aktivisten wurde sofort getötet, der andere wurde verurteilt und gehängt.

Damals geschah es, dass sich ein Armenier aus der Türkei, Artin Penik, in Istanbul öffentlich verbrannte, um so gegen dieses Attentat zu protestieren. In jenem Augenblick sagte ich mir, dass es wohl sehr hart sein musste, Armenier in der Türkei zu sein, eingekeilt zwischen der ASALA und dem türkischen Machtapparat. Artin Penik hatte sich geopfert, um seine Gemeinschaft zu schützen, als Pfand für ihre Sicherheit. Ich habe darüber mit einem armenischen Freund gesprochen, der dies Ereignis in dieser Weise erklärt hatte: als ein Opfer. Zwei Tage nach seiner Selbstverbrennung und drei Tage vor seinem Tod, erklärt Penik auf seinem Krankenhausbett in dem mitgeschnittenen Interview seine Tat jedenfalls als Opfer, mit dem er vermeiden wollte, dass „die Türkei ein weiteres Mal gespalten werde"!

Zu jener Zeit bewirken diese Anschläge bei mir zwar eher ein Gefühl der Abneigung, aber zugleich üben sie auch eine gewisse Faszination auf mich aus, die von meinem revolutionären Engagement herrührt. Unsere linksradikalen Bewegungen sind gewalttätig, sie befürworten den Kampf mit der Waffe in der Hand. Das, was uns mit der ASALA Schwierigkeiten bereitet, ist die Tatsache, dass sie es auf türkische Diplomaten abgesehen hat. Die ASALA führt ihre Aktionen nicht in der Türkei aus, während die anderen, die Roten Brigaden, die Rote Armee Fraktion (RAF), in ihrem eigenen Land kämpfen, unmittelbar in die politischen Auseinandersetzungen in Italien, in Deutschland eingreifen. Sie bringen ihre Aktivität mit jener der Arbeiterklasse in Verbindung, zumindest begreife ich es so. Im Vergleich dazu erscheint mir die ASALA in der Schwebe zu bleiben, wie eine Organisation, die sich der puren Rache verschrieben hat, nicht aber wie eine politische Organisation. Sie hat keine soziale Grundlage, die ASALA hängt im luftleeren Raum. Ich sehe mich als Vertreter der Tradition des klassischen Kommunismus, in dem eine Bewegung, und sei es auch eine gewalttätige, eine soziale Grundlage haben muss. Genau dies aber kann ich bei der ASALA nicht bemerken. Auf jeden Fall nicht in der Türkei. Und in Frankreich erscheinen mir ihre Aktionen nicht politisch motiviert, sondern sie sind purer Terrorismus. In der Türkei setzen Leute im Kampf für die Revolution ihr eigenes Leben aufs Spiel und dies ist der Grund, weshalb mir die ASALA einer anderen Mutter Kind zu sein scheint. Ich kann sie zum Beispiel nicht mit der RAF vergleichen…

MARIAN Die Frage nach der Anerkennung des Genozids wird von den armenischen Organisationen zum einen auf diplomatischem Wege gestellt, das heißt im Rahmen der UN-Menschenrechtskommission, und zum anderen durch die terroristischen Gruppen. Also habe ich in jenem Augenblick das Gefühl, dass diese terroristischen Aktionen in gewisser Weise nützlich sind, aber ich sage mir auch, dass man sehr schnell dazu übergehen sollte, aus dem auf diesem Wege gewonnenen Publikum Kapital zu schlagen. Etwas anderes müsste man tun und den Terrorismus müsste man auf jeden Fall ad acta legen. Schon allein die Tatsache, dass die Frauen der Diplomaten gleichzeitig mit ihren Männern getötet werden konnten, verstörte mich. Und nachher wuchsen sich die Aktionen zu Anschlägen auf Zivilisten aus, später sogar zu offen gegen Frankreich geführten Attentaten. Die Manipulation begann also offensichtlich zu werden. Ich spürte, wie sich der Graben zwischen mir und diesen jungen aus dem Libanon gekommenen Armeniern, die von den Palästinensern bearbeitet und von den Syrern gelenkt wurden, unweigerlich vertiefte. Dies alles verstärkte meinen Bruch mit der revolutionären Idee und meine gleichzeitige Hinwendung zu demokratischen Prinzipen und Methoden.

Mehr noch: gerade weil mir die Vereinnahmung des Armeniertums durch diese Leute zuwider ist, kommt es dazu, dass ich mich im Kampf um die Anerkennung des Genozids für dieses etwas anders geartete Engagement entscheide, für den Lobbyismus. Es handelt sich um eine Identitätsfrage: ich ertrage dieses Spiel nicht, in dem Frankreich zum Feind der Armenier erklärt wird. 1982 finden sich einige von uns zusammen und wir gründen einen Verein, den wir „Solidarité franco-arménienne" („Französisch-armenische Solidarität") nennen. Unser Ziel ist es, die Anerkennung des Genozids im diplomatischen Rahmen voranzutreiben, wobei wir zu diesem Zweck gemeinsam mit französischen und anderen europäischen Politikern die Menschenrechtsthematik auf die Tagesordnung setzen wollen. Was mich betrifft, so ist dies Engagement auch gut vereinbar mit meiner Arbeit für die Zeitschrift Esprit; die Beschäftigung bei diesem Magazin vermag meine Hinwendung zu den Werten der Demokratie gut zu illustrieren und bereitet meiner revolutionären Phase ein Ende.

INSEL Was mich betrifft, so hat die ASALA meine Annäherung an das armenische Problem nicht blockiert, aber sie beschleunigte auch nicht unbedingt diesen Prozess. So diskutieren wir zu jener Zeit beispielsweise mit zahlreichen griechischen Zyprioten und Griechen, wir solidarisieren uns, veranstalten einige gemeinsame Zusammenkünfte gegen den Militärstaat in der Türkei, über die Besetzung Zyperns durch die türkische Armee, usw. Ich pflege also einen aktiven Austausch mit den Griechen der linken Gruppierungen. Ich habe keinen Kontakt zu armenischen Vereinen oder Organisationen. Das griechische Problem ist für uns ein brisantes Problem, Griechenland und die Türkei sind 1974 fast in einen Krieg hineingeschlittert. Das armenische Problem hingegen kommt nicht zur Sprache – höchstens in Form der Ermordung der Diplomaten.

MARIAN Dies ist ein Augenblick, in dem wir den Eindruck haben, es gäbe überhaupt keine Mittel und Wege, mit den Türken ins Gespräch zu kommen. Die ganze armenische Gemeinschaft setzt auf die politische Strategie internationaler Druckausübung, um die Türkei endlich zu einer Kursänderung zu bewegen, genauso, als wäre es unmöglich, im Dialog oder in der Diskussion auch nur das Geringste zu erreichen. Zunächst, weil der offizielle türkische Diskurs monolithisch war. Ich hatte auch Freunde von Freunden, die Türken waren, oder kannte selbst einige türkische Händler. Und die Erinnerungen, die ich an sie habe, lassen sich folgendermaßen zusammenfassen: sobald man unser Problem anschnitt, gaben diese Leute, mit denen ich mich in anderen Bereichen durchaus gut verstand, Antworten, die dem offiziellen Diskurs der türkischen Regierung recht nahe standen. Das war entmutigend und man versuchte nicht weiter, in dieser Richtung vorzustoßen… Stellen wir uns so nebenbei einmal vor, wir, Ahmet und ich, wären uns in jenem Augenblick begegnet…

INSEL … aufgrund der Anschläge der ASALA war davon auszugehen, dass ein Armenier, der einem Türken begegnete, eine aggressive Rede hätte halten können – mir ist solches niemals geschehen – oder zumindest eine, die von einem Türken, dem die Erinnerung an die getöteten Diplomaten zu schaffen machte, als solche hätte empfunden werden müssen. Welche Wahl soll man in so einer Situation treffen? Entweder hätte man im gleichen

Ton geantwortet und das wäre dann der offene Krieg gewesen, oder man hätte, um dies Thema nicht anzuschneiden, von vornherein abgeblockt und aus dem Gespräch wäre nichts geworden. Der Dialog wäre damals unmöglich gewesen.

MARIAN Ja, die Worte standen uns damals nicht zur Verfügung, die den Einstieg in den Dialog erlaubt hätten.

INSEL Vergessen wir auch nicht, dass seit dem in Paris verübten Attentat von 1975, in dem der türkische Botschafter getötet worden war, die Gefahr besteht, dass Türken auf die Armenische Frage äußerst gereizt reagieren. In meiner Umgebung gibt es in dieser Zeit viele Leute, die, wenn sie den Armeniern vorher neutral gegenüberstanden, in ihrer Einstellung nach und nach ausgesprochen antiarmenisch geworden sind. Was mich betrifft, so ist es der Anschlag in Orly am 15. Juli 1983, in dem es zu 8 Toten und ungefähr 50 Verletzten gekommen ist, den ich entschieden verurteile. Zunächst aus dem Grund, weil dies am Flughafen Orly stattfindet, wo ich zweimal im Jahr das Flugzeug zu nehmen pflege, um nach Hause in die Türkei zu fliegen. Und dann kenne ich zwei der Türken, die getötet wurden, persönlich: es sind Zivilisten, die dran glauben mussten, Menschen die vor dem Schalter der Turkish Airlines in der Schlange standen. Wie du es auch bereits gesagt hast, Michel: wir vertraten ja immerhin die Idee, dass eine gewisse Form revolutionärer Gewalt akzeptabel sei – aber was hier geschehen war, das ging entschieden zu weit. Es war übrigens bei der Ermordung des Italieners Aldo Moro durch die Roten Brigaden, dass ich auch begonnen habe, meine Zweifel zu haben…

MARIAN Dasselbe wollte ich auch sagen! Auch für mich bedeutet dieser Mord den Bruch mit der Idee der politisch gerechtfertigten Gewalttätigkeit. Das geschah im Mai 1978.

INSEL Da erst habe ich begriffen, in welchem Ausmaß ein Attentat sein Ziel verfehlen kann. Und der Anschlag von Orly ist ein Attentat, das mich persönlich getroffen hat. Aber gleichzeitig hat mich dies im Glauben bestärkt, dass Aktionen solcher Art an der Wirklichkeit gänzlich vorbeigehen.

In der Zwischenzeit hat der Militärputsch von 1980 stattgefunden. Ich hatte ursprünglich vorgehabt, mit meiner Lebensgefährtin und unseren beiden Söhnen in die Türkei zurückzukehren, aber meine Freunde von der Zeitschrift Birikim[3] und die Professoren von der Istanbuler Universität haben mir gesagt: „Hör mal, dies ist nicht der geeignete Augenblick für deine Heimkehr. Im Gegenteil: wir werden dich in Frankreich brauchen." Also habe ich meine Rückkehr auf ungewisse Zeit verschoben und bin – eine unerwartete Wende in meinem Leben – in Frankreich geblieben, habe meine Doktorar-

---

[3] Monatlich erscheinende Zeitschrift der linken türkischen Intellektuellen, die 1975 gegründet worden ist.

beit beendet und habe mich für eine Dozentenstelle an der Universität Paris I. beworben, die mir dann 1984 auch zugesprochen wurde.

In Istanbul wird unsere Zeitschrift Birikim von der Armee, die 1980 die Macht an sich reißt, verboten, zwei Jahre später jedoch gründen die Redaktionsmitglieder von Birikim den Verlag Iletisim, zu dessen Vertreter in Frankreich ich ernannt werde. Wir nehmen uns vor, eine von der offiziell propagierten Geschichte der Republik Türkei abweichende Geschichte zu schreiben. Das Ergebnis dieser Gemeinschaftsarbeit ist eine bahnbrechende Enzyklopädie der Republik in zehn Bänden, in der es zur Hinterfragung zahlreicher Tabus kommt.

Omer Laciner, einer der Gründer der Zeitschrift Birikim, lebt seit 1982 als politischer Flüchtling in Frankreich. Anfangs wohnt er bei uns in Paris und wird von uns wie ein Mitglied der Familie empfunden. Omer ist in Sivas in Zentralanatolien geboren. Sein Wissen um die Massaker an den Armeniern ist weit detaillierter als meines, denn er hatte oft die Alten von Sivas davon erzählen hören. Ich habe bereits dies und das darüber vernommen, jetzt aber ist es Omer selbst, der mir ohne Umschweife davon berichtet.

Und dann gibt es da noch Taner Akçam. Er lebt als politischer Flüchtling in Deutschland und kommt, um Omer in Paris zu besuchen. Ihm verdanke ich es, dass ich die andere Seite der Medaille in der Literatur über den Genozid entdecke. Und damit beginnt sich meine Meinung bezüglich der Tatsache zu festigen, dass das, was sich 1915 zugetragen hat, als Verbrechen gegen die

Menschlichkeit gewertet werden kann, dass bei einigen Anführern des Komitees für Einheit und Fortschritt die zielstrebig verfolgte Absicht, eine ethnische Säuberung durchzuführen, eindeutig auszumachen ist. Aber von dieser Feststellung bis dahin, diese Ereignisse Genozid zu nennen – das ist Gegenstand einer anderen Debatte… In meinem Schema, in dem Bild, das ich mir von einem Genozid mache, wird ein gänzlich friedfertiges Volk, das weder im Aufstand begriffen ist, noch in sonst einer subversiven Aktivität, zum Opfer eines Hasses, der sich seine Vernichtung zum Ziel gesetzt hat, mit anderen Worten: es wird zum Opfer eines Holocaust. Im Fall der Armenier aber gab es die Daschnak-Partei, eine revolutionäre, rebellische und zeitweilig separatistische Partei, die sich überhaupt nicht unterordnen wollte.

Als eine Folge meiner Gespräche mit Omer beteilige ich mich 1982 mit einem schriftlichen Beitrag an der 44. Ausgabe der französischen Zeitschrift Critique socialiste (Sozialistische Kritik), in welchem ich die Regierung Einheit und Fortschritt anklage, für die Massaker an den Armeniern verantwortlich gewesen zu sein und ich zeige die Kontinuität zwischen dem untergehenden Osmanischen Reich und der im Entstehen begriffenen jungen Republik auf. Zwar verwende ich selbst den Begriff Genozid nicht, doch bin ich auch nicht gegen seinen Gebrauch. Das, was in meinen Augen zählt, ist der Nachweis der Verantwortlichkeit des Nationalismus in dieser Sache. Und auch, dass die Aufmerksamkeit auf die Gefahren des antitürkischen Nationalismus, der bei einigen Armeniern anzutreffen ist, gelenkt werde.

In den 80er Jahren führen wir einen erbitterten Kampf gegen die offiziell kolportierte Geschichte, gegen unsere eigene Geschichte, in der das Massaker an den Armeniern ein Element unter anderen ist. Noch heute ist dies sicherlich eines der Hauptprobleme, aber es ist nicht der zentrale Angelpunkt unseres Kampfes für die Demokratisierung der Türkei. Das armenische Problem ist niemals ein von den anderen abgrenzbares und einzigartiges politisches Problem gewesen, das für sich allein genommen imstande gewesen wäre, eine politische Stellungnahme zu begründen. Und das ist in einem großen Ausmaß auch heute noch gültig.

MARIAN 1984 schreibe ich einen Artikel für die Zeitschrift Esprit, um darin den Terrorismus zu verurteilen; aber ich erkläre dabei auch Folgendes: wenn er in der Diaspora unglücklicherweise auf so viel Anklang stoßen konnte, so rührt dies daher, dass der Terrorismus mit seiner Simplifizierung der Tatsachen oder vielmehr die Unterstützung dieses Terrorismus in gewisser Weise gemeinschaftsbildend wirken konnte. Bis zu diesem Zeitpunkt war die Diaspora in verschiedene Fraktionen zersplittert gewesen. Es konnte einem immer der Vorwurf gemacht werden, nicht armenisch genug zu sein, sei es, weil man es unter ethnischem Gesichtspunkt nur zur Hälfte und nicht zu 100% war, sei es, weil man die Sprache – ja, dies vor allem war schlimm! – nicht mehr wirklich beherrschte. Unter solchen Umständen war offensichtlich die Tatsache, einige waghalsige Kerle zu unterstützen, die mit dem Gewehr in der Hand für die gerechte Sache kämpften, für jedermann das Einfachste. So beginne ich also für die Anerkennung des Genozids, aber gegen den Terrorismus zu schreiben. Und ich beginne auch zu handeln: im Rahmen unseres Vereins. Einer unserer größten Erfolge war es, mit Jack Van de Meulebroeke, einem Abgeordneten des Europa-Parlaments, bei der Anfertigung des Berichts über den Völkermord zusammengearbeitet zu haben. Dieser Bericht hat dann, am 18. Juni 1987, im europäischen Parlament zur Verabschiedung einer Resolution geführt, in der die Anerkennung des Genozids als Beitrittsbedingung für die Türkei genannt wird. Damals begann man ja bereits von ihrem Beitritt zu sprechen. Noch heute wird auf diese Resolution Bezug genommen.

Die Armenische Frage liegt brach

INSEL Einige zeitgenössische Historiker behaupten, dass der spätere Gründer der türkischen Republik, Mustafa Kemal, 1919 deshalb zum Anführer des Widerstands gewählt wurde…

MARIAN … weil man ihm für den Genozid keine Verantwortung anlasten konnte…

INSEL Genau! Er befand sich zu der Zeit, als es zu den Massakern kam, an den Dardanellen, folglich trägt er keine Verantwortung. Dies zeigt auch, dass die Führungskräfte des Widerstands 1919 die Sache nicht auf die leichte Schulter nehmen. Sie sind sich der Schwere der Verantwortung bewusst. Über die Natur dieser Ereignisse können sie sich nicht hinwegtäuschen.

Übrigens werden in Istanbul nach dem Waffenstillstand von 1918 Prozesse gegen die Anführer der Partei für Einheit und Fortschritt angestrengt, in denen sie von der türkischen Führungsschicht der im Jahr 1915 verübten Verbrechen angeklagt werden. Unglücklicherweise haben die Türken sehr bald das Gefühl, dass die Alliierten die Armenische Frage instrumentalisieren, um die Zerstückelung des Osmanischen Reiches zu rechtfertigen. Ergebnis: in Istanbul und in Anatolien kommt es zu einem Umschlagen dieser Bewegung in ihr Gegenteil, die Intellektuellen und die türkischen Führungskräfte nähern sich dem Komitee für Einheit und Fortschritt an, statt es anzuklagen. Binnen kurzer eineinhalb Jahre haben also die Personen, die vorher als Ankläger aufgetreten sind, ihre Haltung um hundertachtzig Grad geändert.

Das Gerücht geht um, dass die Griechen von den Alliierten grünes Licht bekommen hätten, um das ehemals hellenistische Anatolien zu erobern und ihrem Staatsgebiet einzuverleiben und dass die Armenier zurückkehren und ihr Land, ihre Häuser und ihre Güter zurückverlangen würden, die nach 1915 an die anatolische Bevölkerung und die Einwanderer verteilt worden waren.

Ab 1919 also führen die Türken einen Krieg gegen die Besatzer, und im Wesentlichen gegen die Griechen. Die türkisch-muslimische Solidarität steht im Vordergrund. Akzeptieren, dass das Komitee für Einheit und Fortschritt Verbrechen begangen habe, würde heißen, dass man den 1920 zwischen den alliierten Kräften und dem Osmanischen Reich ausgehandelten Vertrag von Sèvres akzeptiert. Der Vertrag von Sèvres aber ebnet den Weg für die Erschaffung eines unabhängigen Armenien, eines unabhängigen Kurdistan, alliierter Besatzungszonen, kurz, verleiht der Zerschlagung des Osmanischen Reichs eine unumstößliche Gültigkeit. Mit anderen Worten: ein türkischer Nationalist kann gegen die vom Komitee für Einheit und Fortschritt begangenen Verbrechen keine Anklage mehr erheben, ohne dass dies automatisch den Todesstoß für die verbliebenen Reste des Osmanischen Reiches bedeuten müsste, das heißt die Rechtfertigung seiner Zerstückelung. In dieser Art jedenfalls begreifen die türkischen Nationalisten die Alternative. 1923 wird der Vertrag von Lausanne den Vertrag von Sèvres außer Kraft setzen.

MARIAN Im Augenblick, in dem die vorbereitenden Maßnahmen für die Ausarbeitung der Verträge von 1919 getroffen werden, kann man in den diplomatischen Entwürfen der Großmächte ein doppeltes Anliegen ausmachen: einerseits die Strafmaßnahmen in Form von Gebietsabtretungen im Rahmen einer territorialen Neuregelung und andererseits die persönliche Bestrafung der Politiker, die sich der Verbrechen gegen die anderen Völkerschaften schuldig gemacht hatten. Dies ist Teil der Debatten, gerade auch aufgrund der Verbrechen, die an den Armeniern verübt worden waren, dieser Verbrechen, die von den Gegnern der Türkei als äußerst schwerwiegend eingestuft werden.

Seit 1915 hatten die Alliierten angekündigt, dass die Anführer des Komitees für Einheit und Fortschritt persönlich zur Rechenschaft gezogen werden würden, falls sie diese Politik der Eliminierung der Armenier fortführen wollten. Vom Standpunkt des Völkerrechts ist dies ein absolutes Novum.

1919 debattieren die Siegermächte diese grundlegende Frage im Hinblick auf den Kaiser[4], während die Jungtürken nur am Rande der Diskussion auftauchen. Der Militärdolmetscher Paul Mantoux hat die Beschlüsse der Alliierten schriftlich festgehalten. Lloyd George

---

[4] Deutsch im Original: gemeint ist Wilhelm II. (1859-1941). (A.d.Ü.)

und Clemenceau fordern einen Prozess der Verantwortlichen vor dem Kriegsgericht, um zukünftige Staatsverbrecher vor ähnlichen Taten abzuschrecken. „Es wäre zu einfach für die Verbrecher", sagt Clemenceau, „wenn der Frieden ihnen die Möglichkeit böte, sich jeglicher Verantwortung zu entziehen. Nichts würde bei jenen Völkern, die gelitten haben, mehr Hass säen als die Amnestie." Aber Wilson zögert und Orlando, der Italiener, ist dem Vorhaben gänzlich abgeneigt. Für ihn ist es eine gefährliche Sache, Politik und Moral zu vermengen. Im Fall der Osmanen erweist es sich also als zweckmäßig, in politischer und geopolitischer Perspektive aus der Unfähigkeit der Türken, nicht-türkische Völker zu verwalten, die nötigen Konsequenzen zu ziehen, und ihnen demzufolge Gebietsabtretungen abzunötigen. Dieser Gesichtspunkt wird obsiegen. Die Idee der Einrichtung eines Gerichtshofs wird zugunsten des Vertrags von Sèvres aufgegeben, der die Türkei territorial zersplittert. Doch stehen den Alliierten nicht mehr die nötigen militärischen Mittel zur Verfügung, um die Durchsetzung des Vertrags zu bewirken. Ergebnis: die Armenier betrügt man um einen Gerichtshof, in dem ihnen hätte Gerechtigkeit widerfahren sollen und bietet ihnen stattdessen einen Vertrag an, der niemals in Kraft treten wird.

Es sei angemerkt, dass seit den 1960er Jahren die Armenier genau dies fordern: einen Gerichtshof! Was natürlich illusorisch ist, denn es ist schwer ersichtlich, wie man so einen Gerichtshof einrichten könnte. In der Tat, und um an dieser Stelle nur das Beispiel des Internationalen Strafgerichtshofs zu nennen – als dieser ins Leben gerufen wurde, da geschah es auf der Grundlage einer Konvention, welche die Ahndung der Verbrechen, die seiner Erschaffung voraufgingen, ausschließt. Und dann sitzt man nicht über Staaten, sondern lediglich über Anführer und Befehlsempfänger zu Gericht – was aber die Verantwortlichen des armenischen Genozids anbetrifft, so sind sie allesamt tot. Dic Unmöglichkeit, einen Gerichtshof „à la Nürnberg" zu gründen, ist für die Armenier sehr frustrierend.

INSEL Ab 1920-1922 ist der Staat wieder im Aufbau begriffen. Talat und Enver sind getötet worden. Der erstere 1921 durch einen Armenier in Berlin, der letztere 1922 durch die Rote Armee in Tadschikistan. Talat avanciert schnell zum Nationalhelden. Wären sie am Leben geblieben, hätten sie sich wohl sehr bald als Mustafa Kemals gefährliche Rivalen entpuppt. Und dann kann auch nicht unter den Teppich gekehrt werden, dass 1915 Enver Pascha für die militärischen Katastrophen von Sarikamis verantwortlich zeichnete, in denen Tausende umgekommen waren. Aber sind er und Talat einmal tot und ist das Risiko einer Rivalität aus dem Weg geräumt, kann man dazu übergehen, ihr Andenken, ihre Bilder im Sinne einer nationalen Versöhnung zu verwerten.

Es gab einige Handlanger, die verurteilt und gehängt worden sind, wie etwa 1919 der Unterpräfekt von Bogazliyan, Kemal Bey. Aber ab 1921 wechselt die Nationalversammlung von Ankara den Kurs…

MARIAN …rehabilitiert Kemal Bey und zahlt seiner Witwe eine Rente aus…

INSEL Ja, denn das, was ab sofort zählt, ist die Beschwichtigung der türkisch-muslimischen Bevölkerung. Man muss sie dessen vergewissern, dass es gegen die, die an den Armeniern Verbrechen begangen hatten, keine Sanktionen geben würde und dass allein die nationale Einheit von Belang sei, damit ein nationaler Befreiungskrieg gegen die Besatzungsmächte und im Besonderen gegen die Griechen geführt werden könne. Du hast eben daran erinnert, dass den Alliierten die Streitkräfte nicht mehr zur Verfügung standen, mit denen sie den Vertrag von Sèvres in die Tat hätten umsetzen können. Auf türkischer Seite ist man auch über die Maßen geschwächt. Seit 1912 befindet man sich im Krieg, die Bevölkerung ist erschöpft. Also werden die Nationalisten sie mobilisieren, indem sie sagen, dass die gavur, die Ungläubigen, zurückkehren, um ihr Land in Beschlag zu nehmen. Auch bekräftigen sie, dass all diejenigen, welche – entweder an der Spitze des Staates stehend oder im anatolischen Hinterland wirkend – die Griechen und die Armenier verjagt hatten, nicht als schuldig betrachtet werden können: sie werden von jedem Vergehen freigesprochen. Der Kampf um die nationale Befreiung ist ein nationaler Krieg, der eine religiöse Dimension hat. Dies ist also der Grund, weswegen all das, was 1915 den Armeniern widerfahren war, gleichzeitig mit der Gründung der Republik unhörbar wird. Und wenn heute

1915 noch immer mehr oder minder unhörbar ist, so liegt dies an den schwarzen Jahren des armenischen Terrorismus 1970-80. Tatsächlich sind mehr als drei Viertel der Türken nach dem Zweiten Weltkrieg geboren. Sie stellen also die Gleichung auf: armenisches Problem = ASALA. Und dies ist eine Gleichung, die von der türkischen Regierung mit allen Mitteln aufrechterhalten wird.

Sie kann also in dieser Weise die Opferkarte ausspielen, während man sie doch gerade anklagt, der Henker zu sein. Sie entzieht so jeder Anerkennungsforderung seitens der Armenier die Legitimität.

Und dann holt die offizielle Geschichtsschreibung die muslimischen Opfer der armenischen Banden wieder hervor. Und die Armenier werden – genauso wie die Griechen – als diejenigen gebrandmarkt, die den osmanischen Staat verraten hatten, indem sie mit den alliierten Mächten kollaborierten. Die Bevölkerung hätte also gut daran getan, gegen die Armenier so zu reagieren, wie sie es nun einmal getan hat, denn es galt das Land zu „retten". In seinem umfangreichen Werk *Geschichte der nationalen Befreiung*, das 1974 veröffentlicht wurde, beginnt Dogan Avcioglu die Darstellung des Jahres 1918 mit der Beschreibung der armenischen Legion, die zusammen mit der französischen Armee in den Südosten der Türkei eindringt.

Dies also ist das offizielle Credo, das in den Jahren 1970-80 im allgemeinen Bewusstsein verankert wird. Mit zwei Stützpfeilern: der eine ist der armenische Terrorismus der ASALA; der andere ist der Verrat der Armenier, die sich den feindlichen, das heißt russischen und französischen Truppen angeschlossen und die muslimischen Völkerschaften niedergemetzelt hatten. All das wird der türkischen öffentlichen Meinung ohne Präzisierung der Daten eingetrichtert. Die Leute wissen zum Beispiel nicht, warum die armenischen Banden zu dem Zeitpunkt, als sie im Gefolge der russischen Armee nach dem Rückzug des osmanischen Heeres aus dem Osten der Türkei hierher zurückgekehrt sind, tatsächlich die türkische Bevölkerung niedergemetzelt haben – sie taten dies, um sich für das zu rächen, was 1915 geschehen war.

Diese Erklärungslücken und die große Unbestimmtheit in der Chronologie der Ereignisse sind offensichtlich beabsichtigt. In Van gibt es tatsächlich einen bewaffneten Aufstand und ein Massaker an der muslimischen Zivilbevölkerung nach der Einnahme der Stadt kurz vor dem symbolischen Datum der Deportation der armenischen Intellektuellen von Istanbul am 24. April 1915. Kann das die Deportation von Hunderttausenden von Armeniern aus Zentralanatolien oder aus dem Umland des Marmarameers rechtfertigen? Bis vor Kurzem wurde diese Frage sorgfältig vermieden.

MARIAN Vorsicht! Für Taner Akçam ist der Aufstand von Van, dieses gewichtige Datum in der jungtürkischen Propaganda, eine Folge der zahllosen Blutbäder, die in den Reihen der Armenier dieser Gegend angerichtet wurden, er zitiert sogar die Zahl von 55 000 Getöteten zwischen dem Beginn des Krieges und dem April dieses Jahres ...

INSEL Ja, ich weiß. Aber selbst wenn man annehmen würde, dass es vor dem armenischen Aufstand von Van nichts gegeben hätte, wie uns dies die offizielle Geschichte glauben machen will, so muss eine Argumentation trotzdem immer noch ungereimt bleiben, welche die Deportation der übrigen osmanischen Armenier, von denen einige 1600 km von Van entfernt leben, zu rechtfertigen sucht.

Beginnend mit den 1980er Jahren ergreift der Staat, der vom Höhepunkt der Attentate profitiert, die Gelegenheit, eine aktive Politik der „Enthüllung der Wahrheit gegen die armenischen Lügen" zu betreiben. Er mobilisiert Schule, Medien und Universität, in denen sich ein immer aggressiver werdender Nationalismus ausbreitet.

Dies bringt es mit sich, dass sich Leute wie ich in den 80er Jahren und als Reaktion auf die neue offizielle Politik, die totalitäre Züge trägt, immer mehr für die Armenische Frage zu interessieren beginnen. Der Militärputsch 1980 führte zu gewalttätigen Ausschreitungen gegen die Linke, auch gegen einen Teil der Rechten, aber vor allem gegen die Linke. Äußerst verbittert und desillusioniert stellen wir fest, dass es mit der Demokratie dieses Militärstaates nicht weit her ist; die offizielle Politik eines solchen Staates, die sich einen demokratischen Anschein gibt, ist uns also auf Anhieb verdächtig, wobei noch hinzukommt, dass sie in diesem Fall grobschlächtig und karikaturistisch vorgeht. Aber was die Bevölkerung angeht, so hat sich diese Taktik vorzüglich bewährt.

In der Türkei der 60er Jahre existierte die Armenische Frage nicht; in der Türkei der 70er Jahre hat man die Register gänzlich gewechselt: in der Armenischen Frage kristallisiert sich nun die Angst vor dem Fremden und ein religiöser Hass, der – spät zum Vorschein gekommen und dann unaufhaltsam im Vormarsch – sich zu diesem Zeitpunkt unleugbar überall eingenistet hat. In der Armenischen Frage kristallisiert sich auch der Nationalismus, der Ethno-Nationalismus. Die jungen Generationen mausern sich zu immer unerbittlicheren Nationalisten gerade durch die Armenische Frage.

Die Anschläge spielten also einer aktiven Politik, die die Leugnung des Genozids betrieb, in die Hände. Die Türkei ist ein Land, in dem die Gewalttätigkeit des Staates eine unbestrittene Tatsache ist, aber der Staat versucht sich trotzdem der Zustimmung der Bevölkerung zu vergewissern. Was die Leugnung der Armenischen Frage betrifft, so war diese Zustimmung durch die Anschläge gegen die Türkei erleichtert worden.

MARIAN Nach vier Jahrzehnten hat die Zeit auf beiden Seiten die Dinge in unterschiedlicher Weise verändert.

Auf türkischer Seite hat der Genozid die dreitausendjährige armenische Präsenz auf anatolischem Boden ausgelöscht und die türkische Republik hat sie erfolgreich aus der Geschichte des Landes ausradiert. In den Augen der neuen Generationen müssen die Armenier als Fremde in diesem Land erscheinen und mit der ASALA geradezu als Feinde, die von außen über sie hereinbrechen. Auf dieser Grundlage ist die Leugnung des Staates aufgebaut.

Bei den Armeniern der Diaspora geschieht fast das Gegenteil: die Attentate gegen die türkischen Autoritäten dienen als Sprachrohr für ein Wiedererwachen des Gedächtnisses, das bereits seit einigen Jahren eingesetzt hatte. Dieses Wiedererwachen hat seinen Ursprung im Zeitgeist, in den Forderungen nach dem Recht auf Differenz, auf das Bekenntnis zur eigenen Identität, und auch in der französischen, europäischen, westlichen Bewusstwerdung dessen, was sich während des Zweiten Weltkrieges abgespielt hatte, der Schoah also, die zum Einsturz des bestehenden Wertesystems geführt hatte. All das Leiden, das sich angehäuft hatte, fand eine Art Ventil, eine Sprache, eine Strukturierung und ist ans Tageslicht gebracht worden in der Forderung nach Gerechtigkeit und nach Wiedergutmachung der Gräuel, die begangen und niemals sanktioniert worden waren. Natürlich wurden zu Beginn Vergleiche zu dem angestellt, was – im Namen der Gerechtigkeit – für die Juden gemacht worden war: der Gerichtshof von Nürnberg etwa; und das Gefühl herrschte vor, dass dem armenischen Genozid im europäischen und westlichen Bewusstsein nicht der Platz eingeräumt wurde, der ihm gerechter Weise zustand.

Noch bevor die Attentate selbst beginnen, gibt die Türkei die Diplomatie des Schweigens auf, die im Keim jede diesbezügliche Frage erstickt hatte, um zu einer viel aggressiveren Gegenpropaganda überzugehen. Dies wird in den internationalen Institutionen und anschließend in den Nationalparlamenten in jenem Augenblick deutlich, in dem wir versuchen, die Verabschiedung von Resolutionen zum armenischen Genozid durchzusetzen, genauso wie dies auch auf lokaler Ebene anlässlich der Errichtung von Mahnmalen, Monumenten und Stelen offensichtlich wird: jedes Mal stößt man auf den Versuch türkischer Diplomaten, unser Beginnen zu boykottieren. Nun haben sich aber auch die Armenier verändert: sie sind nicht mehr die Einwanderer der 30er Jahre, sie sind in Frankreich geboren, sie sind Franzosen. Also gibt es das implizite Gefühl, dass man in Frankreich bei sich „zu Hause" ist und dass die Türken uns doch nicht daran hindern können, für unsere Toten Gedächtnisstätten in Frankreich zu errichten! 1972 bewirkt die erste in Marseille zum Gedächtnis an den Genozid errichtete Stele heftige Proteste seitens der türkischen Botschaft in Frankreich.

INSEL Tatsächlich hat der Botschafter der Türkei Frankreich zum Zeichen des Protestes verlassen. Später hat er behauptet, dass er nicht gegen die Einweihung der Stele protestiert hätte, sondern gegen die Anwesenheit von Mitgliedern der französischen Regierung bei den Einweihungsfeierlichkeiten.

MARIAN Mit der Zeit kristallisiert sich eine Art „Propaganda gegen die Propaganda" heraus.

Erste Phase: die Armenier geben neue Ausgaben von Werken, Broschüren oder Büchern der Jahre 1918-1919 heraus, in denen die Geschichte des Genozids erzählt wird, der damals „Verbrechen gegen die Menschlichkeit" und „Plan zur Ausrottung der Rasse" genannt wird. Da sind zunächst die Memoiren englischer Diplomaten wie etwa die von Arnold Toynbee, die der Türkei feindlich gesinnt waren, und dann der Zeugenbericht des Pastors Johannes Lepsius, eines deutschen Missionars, der also aus einem mit der Türkei verbündeten Land kam; und dann werden die Memoiren des amerikanischen Botschafters Henry Morgenthau veröffentlicht, dessen Land lange Zeit Neutralität gewahrt hatte. Morgenthau gibt seine Unterredungen mit Talat und Enver wieder. Er erklärt, wie ihm nach und nach bewusst wurde, dass Talats Plan wirklich die Vernichtung der Armenier war und dass keiner seiner Vermittlungsversuche auch nur das Geringste gefruchtet hatte.

Zweite Phase: diese ist gekennzeichnet von der Suche nach anderen Dokumenten, anderen Archiven, die noch niemals veröffentlicht worden waren: hauptsächlich handelt es sich dabei um diplomatische Dokumente, die von einem amerikanischen Konsul, Leslie Davis, verfasst worden waren, der sich damals im Osten befand, und dann um die diplomatischen Telegramme der Vertreter jener Länder, die mit der Türkei verbündet waren, also um vorzugsweise deutsche und österreichische Dokumente. So wird ein Textkorpus zusammengetragen, auf dessen Grundlage die Forderung nach der Anerkennung des Genozids nachdrücklicher formuliert werden kann.

Das Konzept des Genozids war erst 1945 aufgestellt worden. Aber für die Überlegungen seines Erfinders, des amerikanischen Juristen polnisch-jüdischer Herkunft Raphael Lemkin, war bereits vor dem Holocaust der Nationalsozialisten das, was den Armeniern angetan worden war, maßgebend. Also waren die zusammengetragenen Akten recht stichhaltig. Und dann kommt die Konvention der UNO von 1968, die mit dem Konzept der Unverjährbarkeit von Völkermordverbrechen eine Art nachträgliche Legitimierung des Eichmann-Prozesses darstellt. Das wirkt wie ein Dammbruch! Das berechtigt zu einer Wiedereröffnung der Akte trotz der inzwischen vergangenen Zeit und trotz der Machtkonstellationen, die bewirkt hatten, dass das armenische Drama in der Welt in Vergessenheit geraten war und dass die auf ein verlorenes Häuflein zusammengeschrumpften Armenier in der Türkei mundtot gemacht worden waren.

Dritte Phase: als die Türkei Ende der 70er Jahre sich mit Talat, Enver und all jenen Mitgliedern der Partei für Einheit und Fortschritt solidarisch erklärt, die unter dieser historischen Anklage standen, hebt eine Debatte an, die fast identisch ist mit jener der 1918-1919er Jahre. Dieselben Verfahren der Geschichtsklitterung kommen zum Zuge: das heißt die Verminderung der Anzahl der Toten, die Leugnung der Eliminierungsabsicht, indem man den unwiderlegbaren schriftlichen Beweis dafür einfordert, und das, was auch du bereits erwähnt hast, das heißt die Umkehrung der Chronologie zwischen armenischen Gewalttätigkeiten und den Massakern im großen Maßstab. Die Armenier haben den Eindruck, sich gegenüber einer Art ewigem türkischen Staat zu befinden und sogar – dies ist es auch, was in gewisser Weise schrecklich ist – gegenüber dem ewigen türkischen Volk. Im Unterschied zu den Juden ist der Feind nicht eine Gruppe, eine Partei, die Nazis, die in einem bestimmten Augenblick der deutschen Geschichte an der Macht sind. Für die Armenier hat die Geschichte etwas Repetitives: es gibt nicht allein die türkische Absicht vor achtzig Jahren, die Armenier auszurotten, sondern auch heute noch die Absicht, jegliche Erinnerung daran auszulöschen. „Weil uns keine Gerechtigkeit widerfahren ist, kann keine Erinnerungsarbeit geleistet werden", sagen sich die Armenier, die den osmanischen Staat von 1915 und die türkische Republik in einen Topf werfen und dies später, als es nach 1980 zur Militärherrschaft in der Türkei kommt, in noch viel offensichtlicherer Weise tun werden.

Wir befinden uns also ab den 70er-80er Jahren in einer Art doppelten Kontinuität, die eigentlich eine doppelte Wiederholung ist. Auf türkischer Seite wird die Notwendigkeit empfunden, die Geste des Freispruchs zu wiederholen, mit der bereits die nationalistische Bewegung der 20er Jahre die Politik der jungtürkischen Regierung diskulpiert hatte, und auf armenischer Seite entsteht der Eindruck, dass der Genozid erneut anhebt, nur dass er diesmal nicht mehr gegen Personen gerichtet ist, sondern gegen die Erinnerung, gegen die armenischen Kirchengebäude beispielsweise, die verlassen dastehen und allmählich verfallen. Man bemerkt in der Türkei eine Herabwürdigung jeglichen Ausdrucks einstiger armenischer Anwesenheit…

INSEL Die restlose Auslöschung ihrer geschichtlichen Spuren…

MARIAN Natürlich, es gibt ja niemanden mehr, der diesen Kirchen ihr Leben von einst zurückgeben könnte, aber die türkische Regierung könnte sie als Teil des nationalen Kulturerbes begreifen und sich um sie kümmern…

INSEL Du hast recht. In einigen Gegenden gibt es keine armenischen Gemeinschaften mehr, die sich dieser zahllosen Kirchen annehmen könnten. In Bitlis beispielsweise lebt kein einziger Armenier mehr, aber unzählige verlassene Klöster und Kirchen stehen in der Gegend. In den 50er-60er Jahren und viel häufiger noch, als die armenischen Forderungen wieder an der Tagesordnung waren, wurde man Zeuge eines ausgesprochenen Zerstörungswillens; und später, in den 70er-80er Jahren sprengte man mit Hilfe von Dynamit einige Ruinen geradeheraus weg…

MARIAN Oder man verwandelte sie in Schießübungsplätze…

INSEL In den 40er-50er Jahren wurde diese Frage nicht behandelt. Die Türken besetzten diese Landstriche, einige Kirchen wurden in Munitionslager umfunktioniert, andere blieben verlassen. Es wurde ihnen zu jener Zeit keine weitere Aufmerksamkeit geschenkt, es gab keine sie betreffenden besonderen politischen Anordnungen…

Und dann befand sich Sowjetarmenien unter einer Bleiglocke: von dieser Seite drohte also keine Gefahr für die Türken…

MARIAN Was die armenische Diaspora betrifft, so war sie im Aufbau begriffen, sie hielt eine Art kleiner Flamme am Leben und gab diese weiter, indem sie periodisch Memoranda beim Völkerbund und anschließend bei der UNO einreichte, aber das fiel nicht wirklich ins Gewicht…

INSEL Überdies war dies die Zeit der Realpolitik. Die westlichen Mächte waren eher daran interessiert, die Türkei zu stabilisieren; die Rivalität mit der UdSSR begann eine Rolle zu spielen. Die Zeiten hatten sich seit den 30er Jahren geändert, man musste mit der Türkei verhandeln, um sich zumindest ihrer Neutralität im Zweiten Weltkrieg zu versichern…

MARIAN Dies alles führt zu einer weiteren Abwanderung von Armeniern… 1938 überlässt Frankreich in der Hoffnung, sich der Bündnisbereitschaft der Türkei für den sich ankündigenden Krieg zu versichern, dieser den Verwaltungsbezirk Alexandrette, den sie zum großen

Missfallen der Türken ihrem syrischen Mandatsgebiet einverleibt hatte. Die Armenier von Alexandrette ziehen fort…

INSEL Unglücklicherweise. Die Türken hatten die Leute vor die Wahl gestellt, zu bleiben oder zu gehen. Araber und Armenier sind gegangen. Man kann bis auf den heutigen Tag das Dorf Vakifli aufsuchen, das einzige armenische Dorf, das an den Hängen des Musa Dagh übriggeblieben ist.

MARIAN Und dort von den vorzüglichen Konfitüren kosten, hergestellt aus den Früchten der Obstbäume, welche die Armenier immer schon auf diesem Boden gezüchtet haben…

INSEL Später, in den 70er Jahren, wird dies zu einem Teil der Staatspolitik: man löscht alle armenischen Spuren aus und geht dabei methodisch vor, während man gleichzeitig Talat Pascha, der die große Gestalt der Nation bleibt, posthum alle Ehren angedeihen lässt.

Seit dem Ende der 80er Jahre gibt es seitens des türkischen Staates immer noch die Absicht, die Ereignisse zu verharmlosen, aber auch – und dies ist jetzt neu – den Willen anzuerkennen, dass sich etwas Unannehmbares zugetragen hatte. Deshalb ist *Das armenische Dossier* (1983) von Kâmuran Gürün zweideutig. Es schlägt fast einen gemäßigten Ton an im Vergleich mit der gesamten Fachliteratur, die noch folgen soll.

MARIAN Kâmuran Gürün ist gemäßigt im Ton, aber nicht in der Sache! Auch die Änderung der Terminologie, die der britische Osmanist Bernard Lewis vornimmt, ist bezeichnend für die Politisierung der Frage. 1961 enthält die erste Fassung von *Emergence of Modern Turkey* das Wort Holocaust, um damit den armenischen Genozid zu beschreiben; ab den 80er Jahren, in denen die Frage der Beurteilung dieser Ereignisse zu einem Politikum wird, verwendet Bernard Lewis das Wort Holocaust nicht mehr und erklärt in einer Fußnote, er habe inzwischen detailliertere Informationen erhalten, die ihn dazu nötigen, den Gebrauch des Wortes zurückzunehmen. Dies zeigt sehr gut, dass es in den 60er Jahren noch kein problematisches Thema war, und es auch unter den Freunden der Türkei noch nicht zur politischen Vorgabe gehörte, den Genozid zu leugnen…

Frankreich bezieht Stellung, die Welt rührt sich

MARIAN Es gibt zwei Länder, die für die armenische Diaspora ins Gewicht fallen: die Vereinigten Staaten und Frankreich, selbst wenn es in Russland mehr Armenier (1130500) gibt als in den Vereinigten Staaten (700000) oder in Frankreich (500000). Dies sind die beiden Länder, in die sich die Armenier bereits nach den ersten Massakern, in den Jahren 1894-95 also, und später in den 20er Jahren geflüchtet haben. In Frankreich zeichnen sich zur Zeit der Massaker von Abdülhamid II. die Liga für Menschenrechte und Jean Jaurès und später, zur Zeit des Genozids, Anatole France durch ihre erklärte Freundschaft für die Armenier aus. Übrigens hatte letzterer 1901 gemeinsam mit Clemenceau und Jaurès die Zeitung *Pro Armenia* gegründet. In diesen beiden Ländern mit universalistischen Idealen vertreten die Politiker den Standpunkt, dass sie vor der ganzen Welt als Lehrmeister der Menschenrechte auftreten müssen.

Zum anderen etablierten die Armenier ihre Diaspora oft im Umkreis von politischen Organisationen, die dann ihre Verankerung in der Gemeinschaft im wahrsten Sinne des Wortes strukturiert haben.

In Frankreich wählt man sich die Sozialistische Partei zum Zentrum, mit der die Daschnak-Partei Verbindungen eingeht, sowie auch die Kommunisten, da es nicht wenige armenische Kommunisten gab. 1981 kommt die Linke an die Macht. Unter ihren Vorsitzenden befinden sich einige Bürgermeister von Städten, in denen es wichtige armenische Gemeinschaften gibt: Gaston Defferre in Marseille, Charles Hernu in Villeurbanne, weniger bekannt zu jener Zeit, aber nichtsdestoweniger wichtig sind Joseph Franceschi in Alfortville und Louis Mermaz in Vienne. Die Sozialistische Partei, die jetzt an der Macht ist, nimmt die Anerkennung des Genozids in ihr politisches Programm auf.

Im Januar 1984, anlässlich des armenischen Weihnachtsfestes, gibt François Mitterand in Vienne bei Louis Mermaz eine Deklaration ab, in der er den Genozid als solchen anerkennt. Die Sozialistische Partei unterstützt sowohl die Resolutionen zu Gunsten einer Anerkennung des Genozids auf europäischer Ebene als auch, etwas später, das Gesetz zur Anerkennung, das 1999 vom Französischen Parlament unter der Regierung Jospin verabschiedet wird. Die armenische Sache wird während dieser ganzen Zeit eher von der Linken als von der Rechten verfochten und erst zu einem späteren Zeitpunkt wird sich auch letztere Rechenschaft geben, dass sich eine armenische Wählerschaft etabliert hat, die sie nun ihrerseits für sich zu gewinnen sucht. Ende der 80er Jahre will sie ihr Ziel erreichen, indem sie das Geschütz des Antikommunismus auffährt, weil zum Zeitpunkt, als die UdSSR von demokratischen und nationalen Forderungen bedrängt wird, die elf Leiter der armenischen demokratischen Oppositionspartei, angeführt von Ter-Petrossian, in Armenien ins Gefängnis geworfen werden. Dies geschieht überdies unmittelbar nach dem Erdbeben. Unser Verein „Solidarité franco-arménienne" („Französisch-armenische Solidarität") sucht elf Bürgermeister französischer Städte auf, in denen die Diaspora recht einflussreich ist, und schlägt ihnen vor, für die elf armenischen politischen Häftlinge die Patenschaft zu übernehmen. Ehre, wem Ehre gebührt: er bietet Chirac, dem Bürgermeister von Paris, an, der Pate von Ter-Petrossian zu werden. Alle sind einverstanden. Die Häftlinge werden nach Ablauf von fünf Monaten auf freien Fuß gesetzt. Ab dieser Zeit vertreten Linke wie Rechte ähnliche Positionen: beide fordern sie die Türkei dazu auf, den Genozid anzuerkennen, bekräftigen aber nachdrücklich, dass der aktuelle türkische Staat nicht für die Ereignisse von 1915 verantwortlich ist.

INSEL Ich kann ein kleines Geheimnis verraten: 1989 oder 1990 haben der Physiker Levon Ter-Minassian und der Geschäftsmann Bedros Terzian Kontakt mit einigen ebenfalls in Paris lebenden Türken aufgenommen, zu denen auch ich gehörte, um mit uns über die Möglichkeiten eines armenisch-türkischen Dialogs zu diskutieren. Ein Tauwetter hatte sich angekündigt: zweifelsohne unterstützten sie den zukünftigen Präsidenten der Republik Armenien Levon Ter-Petrossian. Aber dies Ansinnen wurde dann nicht weiter verfolgt.

MARIAN Die Sache wird noch verwickelter Ende 1999, als auf dem EU-Gipfel von Helsinki die Bewerbung der Türkei um eine Vollmitgliedschaft in der Europäischen Union anerkannt wird. Dies geschieht zur selben Zeit, in der Frankreich gesetzlich den Genozid anerkennt, ohne dass es eine explizite Verbindung zwischen den beiden Ereignissen geben würde. Im Januar 1999 verabschiedet die französische Regierung ein Gesetz, das einen deklarativen Charakter hat. „Frankreich anerkennt öffentlich den Genozid an den Armeniern von 1915", besagt dieses Gesetz. Und dann wird dic Diskussion über das Beitrittsdatum der Türkei eröffnet. Ab diesem Zeitpunkt beginnen sich die einzelnen Positionen klar abzuzeichnen. 2004 wird das Jahr 2005 als der Zeitraum festgelegt, in dem die Verhandlungen mit der Türkei aufgenommen werden sollen und dies rückt nun einen zukünftigen Beitritt der Türkei zur Europäischen Union in greifbare Nähe.

Im Wesentlichen lassen sich die Positionen folgendermaßen zusammenfassen: die Linke sagt „Ja zum Prinzip des Beitritts, aber unter der Bedingung, dass der Genozid anerkannt werde" und die Rechte wird sich mit der Zeit von Jacques Chiracs Position entfernen, die ein „Ja zum Beitritt" war, ohne diesen in ähnlich ausdrücklicher Weise mit der Anerkennung des Genozids in Verbindung zu bringen, um heute in Nicolas Sarkozys „Nein zum Beitritt" zu münden, in eine Position, die ihrerseits von den rechtsextremen Stimmen von Jean Marie Le Pen und Philippe de Villiers beeinflusst ist. Und dann stellt sich 2006 die Frage eines zweiten Gesetzes, das nun nach dem Vorbild des Gesetzes Gayssot von 1990, das „jede Leugnung des Genozids der Nationalsozialisten ahndet", ein wirkliches Strafgesetz darstellen soll und mit dem ich absolut nicht einverstanden bin.

Ja, ich bin gegen ein Gesetz zur strafrechtlichen Verfolgung von Leugnern! Trotz der schwierigen materiellen Bedingungen, in denen sich die Armenier befanden, hat sich im Laufe der Jahre – beginnend mit dem Zeitpunkt, da die Debatte eröffnet wurde – die Wirklichkeit dessen, was ihnen widerfahren ist, allmählich durchgesetzt. In einer Demokratie kommt es am Ende immer dazu, dass die Wahrheit vernommen wird. Will man sie hingegen in einen Pflichtdiskurs verwandeln, wird sie unglaubwürdig.

INSEL Auch wir haben das Gesetz zur strafrechtlichen Verfolgung abgelehnt. Und wir taten dies nicht bloß aufgrund taktischer Erwägungen, nicht ausschließlich, weil es zu einem ungünstigen Zeitpunkt eingeführt werden sollte. Wir erklären dies in einem Artikel, der im Mai 2006 in der *Libération* gedruckt wird. Mir bleibt dies Schriftstück in trauriger Erinnerung. Ich habe es am Sterbebett meines Vaters geschrieben. Danach habe ich es acht weiteren Unterzeichnern zugeschickt, unter denen sich auch Hrant Dink befand, um von ihnen grünes Licht zu bekommen. Es war wichtig, dass wir bezüglich des Gesetzes zur strafrechtlichen Verfolgung keine Stellung beziehen, die allein dem Gebot der Stunde gehorchen würde, sondern die vielmehr ein universelles Prinzip zur Grundlage haben musste, um dadurch auch auf den türkischen Staat angewandt werden zu können.

MARIAN Es wird also ersichtlich, dass diese soziale Verankerung in Frankreich, die zum Hauptanliegen der Armenier wurde, vom Ausbau politischer Netzwerke begleitet war, die lange Zeit unsichtbar blieben. Ab 1980 traten sie deutlich hervor und bewirkten in Frankreich die besondere Konstellation, in der dies Land schließlich beschlossen hat, der armenischen Forderung in seinen Beziehungen zur Türkei Rechnung zu tragen. Dies ist in den Vereinigten Staaten anders, in denen bis zum Amtsantritt von Barack Obama die zwei Anliegen unabhängig voneinander behandelt wurden, das heißt, dass man zwar aus dem 24. April einen Gedenktag für die Armenier machte, ohne dabei die Absicht an den Tag zu legen, der Türkei einen Strick aus dem armenischen Genozid zu drehen.

INSEL Es ist wahr, dass 1999 das deklarative Gesetz, das in Frankreich über die Anerkennung des armenischen Genozids verabschiedet wurde, bei den Türken eine heftige Empörung auslöst. Frankreich, die Beschützerin der Kurden, wird nun Beschützerin der Armenier gegen die Türkei.

MARIAN Sicherlich bereitet Frankreich der Türkei ständig Unannehmlichkeiten, denn Valéry Giscard d'Estaing stand 1974, zum Zeitpunkt der Invasion Zyperns, Constantin Caramanlis' Griechenland sehr nahe; dann folgt Danielle Mitterrand und die Kurden, dann François Mitterrand und die Armenier…

INSEL In der Türkei muss man dies alles als Kette von Überbietungen böswilliger Winkelzüge gegen die Türken auslegen und die Mehrzahl der Leute reagiert dementsprechend mit übertriebener Empörung auf die Verabschiedung dieses deklarativen Gesetzes in Frankreich, nicht aber auf Gesetzesverabschiedungen und ähnliche Erklärungen der anderen Länder (Schweiz, Kanada, Belgien…). Frankreich ist mit der Vertretung der armenischen Sache einige Risiken eingegangen, weil es sich damit einem gewissen Zorn der Türkei aussetzen musste: es hat sich kulturelle und ökonomische Positionen verscherzt.

Die Türken reagieren auf die französische Stellungnahme überempfindlich, weil Frankreich immerfort als Ankläger auftritt.

Zunächst ist hier das Gesetz von 1999, später, 2006, kommt die Entscheidung hinzu, ein zweites Gesetz zu verabschieden, das die Leugnung des Genozids unter Strafe stellt. Die Türken sehen hier eine anhaltende und böswillige Absicht am Werk, die gegen sie gerichtet ist; und für die Rechtsextremen oder die türkischen Souveränisten und all jene, die gegen einen Beitritt der Türkei zur Europäischen Union sind, ist dies ein gefundenes Fressen! Es erlaubt ihnen, ihre Positionen, denen zufolge der Beitritt zur Europäischen Union einem Selbstmord der Türkei gleichkomme, in ein glaubwürdiges Licht zu rücken. Dieser Beitritt würde zu einer Zersplitterung des Landes führen: die Kurden und die Armenier würden unter dem Deckmantel der Europäischen Union immer maßlosere Forderungen stellen, bis dahin, ein eigenes Gebiet und Abfindungsgelder zu beanspruchen. Die Paranoia, die einst vom Vertrag von Sèvres ausgelöst wurde, ist wieder allenthalben spürbar und entfaltet ihre nachhaltige Wirkung. Hinzu kommt die Erinnerung an Stalin, weil dieser nach dem Zweiten Weltkrieg Kars und Ardahan zugesprochen bekommen wollte. Zahllose Türken denken, dass diese Gebietsforderungen für die Armenier nach wie vor nichts von ihrer Aktualität eingebüßt hätten. Die Angst, eines Tages aus Anatolien vertrieben zu werden, spukt noch immer in den Hinterköpfen und die unterirdischen nationalistischen Strömungen bedienen sich ihrer schamlos. Es ist immerhin unerhört, 550 Jahre nach der Eroberung Konstantinopels (1453) immer noch die Einnahme dieser Stadt zu feiern, als wollte man unentwegt daran erinnern, wem sie eigentlich gehört…

MARIAN Und mehr als 900 Jahre nach dem Ereignis feiert man die Eroberung Anatoliens in der Schlacht von Manzikert (1071).

INSEL Ja, wir fahren fort, auch dies zu feiern, um gewissermaßen ohne Unterlass die Idee der Eroberung zum Ausdruck zu bringen. In unserem soziopolitischen imaginären Inventar ist uns zwar eine forsche Selbstsicherheit eigen, aber zugleich auch eine große Anfälligkeit bezüglich der Legitimität unserer Anwesenheit auf dem anatolischen Boden. Die Armenische Frage nährt diese Fragwürdigkeit, diese Angst, diese Infragestellung vielleicht viel ausdrücklicher als andere Sachverhalte… Lange Zeit zum Beispiel gefielen sich viele Leute in dem Glauben, die Hethiter (2000 Jahre v. Chr.) seien Türken gewesen!

MARIAN Der französische Historiker Étienne Copeaux hat unlängst seine Untersuchungen zur türkischen nationalistischen Geschichtsschreibung seit den 30er Jahren veröffentlicht. Darin zeigt er auf, wie man sich in der ersten, das heißt der kemalistischen Periode zunächst auf Hethiter und ein aus Zentralasien mitgebrachtes Wertesystem stützte. Danach gab es die anatolistische Reaktion, die den Griechen einen Platz einräumt; die autochthone anatolische Bevölkerung soll verschiedene politische Fremdherrschaften erduldet haben – und zu diesen seien in einem bestimmten geschichtlichen Moment auch die Griechen zu rechnen –, um sich dann endgültig für die türkische Identität zu entscheiden, ohne dabei Werte in Abrede zu stellen, die dieser Wahl voraufgingen und als anatolisch angesehen werden müssen. Im Gegensatz dazu, sagt Copeaux, sind die Armenier nicht als Fremde über Anatolien hereingebrochen, um hier ihr Herrschaftsgebiet zu errichten. Sie waren in ihrer ausgeprägten Differenz zu den anderen bereits da. Also selbst in dieser Strömung, die a priori viel offener ist als die kemalistische, finden wir eine Art kompaktes und unteilbares Anatolien, in dem den Armeniern als autochthoner Bevölkerung nicht wirklich ein Platz zukommt.

Glücklicherweise ist dies ein Thema, das auch von türkischen Intellektuellen problematisiert wird. In einem unlängst erschienenen Artikel hat etwa Cengiz Aktar den Gedanken der Großen Katastrophe in Anatolien, welche das Verschwinden eines seiner Völker im Jahr 1915 bedeutet, weiter entwickelt. Das ist als interessanter Fortschritt zu begrüßen.

Gleichzeitig ist mir klar, dass der Beitritt zur Europäischen Union die Angleichung an europäische Standards – und darunter ist auch die Anerkennung der dunklen Kapitel in der eigenen Vergangenheit zu verstehen – zur Voraussetzung hat. Eine solche Anerkennung stellt eine Garantie für den zukünftigen Frieden dar.

Man konnte dies in der Auseinandersetzung zwischen Deutschland und Polen, zwischen Ungarn und Rumänien beobachten. Nichts ist zwischen den einzelnen Völkern für immer und ewig geregelt, aber die Tatsache, dass es einen Dialog zwischen den Staaten gibt, verpflichtet zu einer gewissen Zurückhaltung. Diese Angleichung an die sowohl moralischen als auch politischen europäischen Standards scheint mir eine unerlässliche Voraussetzung zum Beitritt zu sein. Und dann, in einer umfassenderen Perspektive, gilt es zu bedenken: wenn die Türkei die Aufnahme in die Familie der europäischen Nationen begehrt, setzt dies voraus, dass in ihrer Beziehung zu ihren Minderheiten, und in besonderer Weise in ihrer Beziehung zu jenen Minderheiten, die Verbindungen zu Europa unterhalten hatten, noch ein entscheidendes Wort aussteht, das Wort, das in der Ehrerbietung vor der Andersartigkeit seinen Ursprung hat…

INSEL Der Bewusstseinswandel wurde durch die französischen Erinnerungsgesetze und den französischen Druck keineswegs beschleunigt. Man hatte dies nie wirklich ernst genommen. In der Rangliste der Probleme, mit denen man in der Türkei tagtäglich zu kämpfen hat, war dies nie im Vordergrund gestanden. Das kurdische Problem ist ein dringendes Problem: es gibt jeden Tag Tote zu beklagen. Die Armenier sind in der Türkei keine politischen Akteure mehr. Die Kurden schon; manchmal streiten wir sogar Seite an Seite in denselben politischen Parteien.

MARIAN Willst du damit sagen, dass die französischen sowie auch europäischen Gesetze und der Druck, den man von hier aus auf die Türkei ausübte, überhaupt nichts genützt haben?

INSEL Sie waren sogar eher kontraproduktiv. 1999-2000 ist die türkische Bevölkerung einem Beitritt der Türkei zur EU nicht abgeneigt. Aber sie muss zusehen, wie Frankreich allmählich ins Lager der Beitrittsgegner hinüberschlittert, ja sogar zu deren Anführer wird. Da sagen sich also die Türken, dass die Großmächte ein weiteres Mal die Armenische Frage instrumentalisieren, weil man sie in Europa nicht dabei haben will. Man sieht sich auf den Ersten Weltkrieg zurückgeworfen. Die Türken hatten begonnen, sich mit diesem Tabuthema auseinanderzusetzen, sicherlich zunächst etwas zaghaft, und siehe da, nun sind sie gezwungen, darüber zu sprechen, sie stehen unter einem politischen Druck, der ihnen doppelbödig vorkommen muss und im Handumdrehen sind die Äußerungen zu diesem Thema nicht mehr frei, im Gegenteil!

MARIAN Ich kann das nicht glauben! Es gibt in der Türkei keine starke soziale armenische Präsenz mehr, das ist nur allzu bekannt, also kann es auch nicht eine mit jener der Kurden vergleichbare interne Dynamik geben. Aber dass der von außen kommende Druck überhaupt keine positive Wirkung gezeigt haben soll, kann ich nicht glauben! Die unlängst erfolgte Instrumentalisierung der Armenischen Frage durch die Staaten, die dem Beitritt der Türkei abhold sind, ist keine neuartige Erscheinung; übrigens haben türkische Verleger, die sich oft auch dem kurdischen Problem gegenüber aufgeschlossen zeigen, Arbeiten, die im Westen über den armenischen Genozid verfasst worden sind, übersetzen lassen, um dadurch zu einer Aufklärung in der allgemeinen Minderheitenfrage der Türkei beizutragen. Das ist eine „Instrumentalisierung" im guten Sinne des Wortes. Und dann sind in der letzten Zeit ernstzunehmende Distanzierungen gegenüber der Leugnung zu verzeichnen, darunter auch eure in der im Dezember 2008 erfolgten Entschuldigungserklärung, die von allen das größte Echo hervorgerufen hat. Sicherlich ist da einiges an Arbeit in einem noch ausstehenden Reifungsprozess zu leisten, den die Türken allein durchlaufen müssen, aber ihr habt doch auch die Absicht, dem Staat die Formulierung der Antwort, die er den Europäern geben wird, nicht einfach zu überlassen.

INSEL Was dies betrifft, hast du nicht unrecht.

MARIAN Ohne Zweifel war auf eurer Seite ein gewisser Ärger gegenüber jener Diaspora nicht zu unterdrücken, die gerade gefordert hatte, dass…

INSEL Ja, ja.

MARIAN Also empfandet ihr auch die Notwendigkeit, laut und vernehmlich zu verkünden, dass eure Bewegung durch keine äußere Einmischung ins Leben gerufen worden ist, denn ihr musstet dem türkischen Staat gegenüber eine vertretbare Position einnehmen, der aus dieser ganzen Geschichte eine Frage des Verrats, der Ehre und der türkischen Identität macht…

INSEL Einverstanden. Vielleicht kann man in diesem von außen kommenden Druck einen beschleunigenden Faktor sehen: er reizt die Gemüter. Aber vergessen wir nicht die überragende Rolle, die Hrant Dink gespielt hat. 1996 stürzt er sich in das Abenteuer der Herausgabe von *Agos* (die *Ackerfurche* auf Armenisch), die von Linken unterstützt wird, die in der Herausgabe von Zeitschriften versiert sind, denn Hrant selbst hatte überhaupt keine Erfahrung im Journalismus. *Agos* ist ein armenisch-türkisches Wochenblatt und dies ist von eminenter Wichtigkeit. Die Texte sind auf Türkisch verfasst und mit einer armenischen Beilage versehen, es werden darin allgemeine Fragen bezüglich der Türkei behandelt, wobei den Informationen, die für die armenische Gemeinschaft von Interesse sind, der Vorzug gegeben wird. Hrant will nicht, dass die Armenische Frage auf einen engen, rein armenischen Kreis beschränkt bleibe. Er will erreichen, dass sie mit Hilfe von *Agos* von Armeniern und Türken gemeinsam diskutiert werde. Ergebnis: dies Wochenblatt wird eine Art internes Diskussionsforum für die türkischen Demokraten. Bis zu diesem Zeitpunkt waren Diskussionsforen nur außerhalb, im Ausland, anzutreffen. Endlich kann man einige Fragen mit Nachdruck stellen: die Frage nach den beschlagnahmten Gütern beispielsweise, oder die nach den vielfältigen Hindernissen, die ein normales Funktionieren von Minderheitenstiftungen beeinträchtigen, die Frage der Diskriminierungen, denen die Armenier und die übrigen Minderheiten ausgesetzt sind. In diesem Sinne hat Hrant Dink eine überragende politische Rolle gespielt.

MARIAN Es ist sicherlich richtig, dass ein internes Diskussionsforum weit mehr Glaubwürdigkeit und Durchsetzungskraft besitzt. Doch möchte ich an dieser Stelle nichtsdestoweniger anmerken, dass die türkischen Historiker, die in dieser Zeit eine Neuerung in die Sicht auf die Armenische Frage eingeführt haben, ins Ausland gegangen sind, um dort zu arbeiten oder zumindest mit dem Ausland im regen Austausch standen. Übrigens ist eure Gruppe, welche die Entschuldigungserklärung initiiert hat, aus vier türkischen, Französisch sprechenden Intellektuellen zusammengesetzt, die alle Verbindungen zu Frankreich unterhalten. Ich erinnere mich an ein Interview, das vor einem oder zwei Jahren von Isabelle Kortian für *Les Nouvelles d'Arméni*e mit einem von euch vieren, Ali Bayramoglu, geführt wurde. Ali sagte, dass er, zum Studium nach Grenoble gekommen, entdecken musste, dass es da ein Problem gab. „Ich konnte nicht umhin, die Feindseligkeit von Armeniern mir gegenüber zu bemerken und da begann ich mir Fragen zu stellen", erklärte er: das ist doch nicht zu leugnen! Zwangsläufig musstet ihr euch doch mit der Frage auseinandersetzen, ob denn all das, was für die Anerkennung des armenischen Genozids getan wurde, zu dem alleinigen Zwecke diente, euch am Beitritt zur Europäischen Union zu hindern.

INSEL Ja, natürlich. Ich spreche vor allem von der Wahrnehmung jener türkischen Kreise, die behaupten, pro-europäisch zu sein und gleichzeitig Positionen vertreten, die einer Genozidleugnung gleichkommen.

MARIAN Abgesehen davon ist die armenische Diaspora nicht gewillt, sich das Recht ihrer politischen Forderung durch andere Akteure nehmen zu lassen: weder den Armeniern der Türkei noch der armenischen Republik wird sie das Feld überlassen. In der Tatsache, aus einer gewissen Ferne agieren zu können und keinem wie auch immer gearteten Druck ausgesetzt zu sein, findet sie eine Genugtuung für das Leid, das ihren Vorfahren widerfahren ist. Dies stellt zumindest einen minimalen

Ausgleich dar. Die Diaspora hat einen eigenen, unverwechselbaren Weg eingeschlagen. Auf diesem Weg der Wiedergutmachungsforderung appelliert sie an das Gewissen der internationalen Öffentlichkeit, damit auf die Türkei Druck ausgeübt werde, aber nicht um mit ihr zu verhandeln. Doch die Dinge sollten einen anderen Lauf nehmen, als die Figur Hrant Dinks als Alternative auftauchte; es gab so manche Schwierigkeiten, als er 2005 das erste Mal nach Marseille kam. Eine ziemlich hitzige Debatte wurde geführt, denn seine Haltung war gekennzeichnet vom Wunsch, mit den Türken den Dialog aufzunehmen, und überdies auch von der Anerkennung eines türkischen Anteils in der Identität der Armenier aus der Türkei; ich glaube, dass es diese Position war – unabhängig von der Tatsache, dass er zu jener Zeit, kurz vor seinem Tod, das Wort Genozid nur ungern in den Mund nahm –, welche die Armenier der Diaspora empörte oder zumindest gänzlich vor den Kopf stieß.

INSEL Hrant sagte mir, dass an jenem Tag in Marseille vor allem die Vertreter der Daschnak-Partei besonders ausfällig gegen ihn geworden seien…

MARIAN Ja, doch vergessen wir nicht, dass es nicht Armenier waren, die Hrant Dink in Istanbul ermordet haben… Also, die Debatte ist hitzig: es gab Leute, die nur deshalb gekommen waren, um seine Aussagen zu entlarven, ihn als unglaubwürdig hinzustellen, ihn eines falschen Spiels im Auftrag der Türkei zu bezichtigen.

Aber einige Monate später kommt Hrant Dink nach Paris und am Empfang, der ihm diesmal bereitet wird, lässt sich die inzwischen durchlaufene positive Entwicklung ablesen. Es geschieht einiges in der Türkei, der Kontext hat sich verändert, er ist eine unglaublich charismatische Persönlichkeit und es ist verblüffend, wie er die Herzen in der Diaspora im Fluge für sich gewinnt. Sein Wort ist nicht einfach die Botschaft eines vorsichtigen Balanceaktes und einer Aufrechterhaltung des Status quo. Es ist eine zutiefst persönliche Botschaft, strotzend vor Tatendrang. Wir sind stolz, dass ein Armenier aus der Türkei das erste Mal seit 1915 in der Öffentlichkeit wieder das Wort ergreift. Andererseits hatte trotz des Pflichtgefühls, das die Armenier der Diaspora empfanden, einen kompromisslosen Kampf für die Anerkennung der Wahrheit und der Gerechtigkeit zu führen, dieser Kampf aufgrund der Versteifung der türkischen Haltung inzwischen äußerst radikale Formen angenommen. Nun haben wir es aber hier mit Menschen zu tun, die im christlichen Ethos erzogen worden sind, und es kommt der Augenblick, in dem sich eine gewisse Verdrossenheit bemerkbar macht, man ist es müde, ständig in der Haltung der Verbitterung ausharren zu müssen. Man möchte aus ihr ausbrechen, den Weg der Verzeihung einschlagen. Und Hrant Dink war mehr als ein herkömmlicher Volkstribun, er trug Christuszüge.

INSEL Alles, was er sagte, kam ihm aus dem Herzen…
Hrant wurde am 19. Januar 2007 ermordet. Einige Wo-

chen vorher hatte er in seiner Kolumne im Wochenblatt *Agos* seine Beunruhigung zum Ausdruck gebracht. Er spürte, wie der Schraubstock, in dem er sich befand, immer enger zusammengezogen wurde, und vor allem verschärfte sich dies Gefühl, als er während seiner Gerichtsverhandlung wegen Erniedrigung des Türkentums den pensionierten General der Gendarmerie Veli Küçük im Publikum bemerkte. Dieser General befindet sich zurzeit in Untersuchungshaft im Zusammenhang mit dem großen Prozess vor dem Schwurgericht, der gegen die Geheimorganisation Ergenekon angestrengt wurde und in den viele Offiziere, von denen manche einen sehr hohen Rang bekleiden, Polizisten, Akademiker, Journalisten und eine ganze Reihe von Geheimagenten verwickelt sind, die laut Anklage einen Militärputsch vorbereitet haben sollen. Morde wie jener an Hrant seien Teil dieser Art von Destabilisierungsaktionen.

Aber im Fall von Hrant haben die Schikanen bereits 2004 begonnen, als er in *Agos* die Identität von Sabiha Gökçen, einer Adoptivtochter Mustafa Kemals, aufdeckte: sie war ein armenisches Waisenkind gewesen. Kein geringeres Organ als der Generalstab der Armee hatte mit einer ungewöhnlichen Heftigkeit auf diese Enthüllung reagiert und den Autor öffentlich angeklagt, er wolle mit diesen „falschen Enthüllungen die heiligen Symbole der Republik besudeln". Diese aufgebrachte Reaktion der Militärführung, die vom Großteil der Bevölkerung – Laizisten, Religiösen und Nationalisten ohne Unterschied – geteilt wurde, spiegelt nur allzu gut den Gesinnungszustand in der Türkei wider. Aus diesem

Beispiel hätte man ja im Gegenteil den Beweis ziehen können, dass bei Mustafa Kemal der antiarmenische Rassismus nicht anzutreffen war. Ein solches Argument hätte in den 60er Jahren ein positives Echo hervorrufen können. Aber in den 90er Jahren, da haben wir mit anhören müssen, wie einer unserer Innenminister die Kurden der PKK (Arbeiterpartei Kurdistans) als „Armenierbrut" beschimpfte, als wäre dies das Ehrenrührigste und Schmählichste auf der Welt. Für diese Leute konnte die Behauptung, Mustafa Kemals Adoptivtochter sei Armenierin gewesen, nichts anderes bedeuten als die erklärte Absicht, sogar den Gründervater der Nation in den Schmutz zu ziehen. Dies ist der Beweis, dass wir in dieser Frage wirklich Rückschritte gemacht haben; es sei denn, man kann heute Dinge vernehmen, die früher auch schon gedacht, aber nicht ausgesprochen worden sind.

Seit 2004 wird Hrant in mehreren Prozessen der Erniedrigung des Türkentums angeklagt, er ist Zielscheibe der Angriffe ultranationalistischer Kreise, denen immer eine Handvoll junger Hitzköpfe zur Verfügung steht, die den Tag kaum erwarten können, an dem sie selbst Helden werden dürfen. Im Fall von Hrant hat es sich also ungefähr so abgespielt. Aber man vermutet auch hochrangige Auftraggeber dieses Mordes. Das Verfahren ist noch nicht abgeschlossen. Wir wissen nicht, ob die Richter die verantwortlichen Hintermänner jenseits des ersten Kreises der Scharfschützen dingfest machen werden.

MARIAN Die Beerdigung von Hrant kennzeichnet aber trotzdem einen Bruch… Sie hat zunächst die Zivilgesellschaften erschüttert. Viele Armenier der Diaspora haben 100000 Türken sehen können, die ihrer Trauer Ausdruck gaben; sie haben begriffen, dass Hrant Dinks Worte eine große Tragweite gehabt haben. Was die Türken betrifft, die am Traurzug teilgenommen haben, so bezeugten sie mit ihren Plakaten und Ansteckern, auf denen zum Beispiel stand „Wir sind alle Armenier", dass derjenige, den sie hier zu Grabe trugen, nicht irgendeiner der ihren war, sondern ein Armenier, der mehr gewagt hatte und dessen Verlust die Erinnerung an den Verlust vieler anderer reaktivierte. Es ist dieser sehr konkrete Unglücksfall, der unter den Mitgliedern der Zivilgesellschaft die Zeit des Dialogs eröffnet, indem er den einen wie den anderen die moralische Verpflichtung auferlegt, miteinander ins Gespräch zu kommen.

INSEL In der Tat glaube ich, dass die Auftraggeber dieses Mordes eine solche Aufwallung der Anteilnahme in der Türkei nicht vorausgeahnt hatten. An jenem Tage begleiteten ungefähr 150000 Menschen Hrants Sarg durch die Stadt und ihr Schrei kam wie aus einer Kehle: „Wir sind alle Hrant, wir sind alle Armenier." Dies ist eine Premiere in der Geschichte der Republik. Die nationalistisch-rassistischen Milieus greifen seit jenem Tag diesen Slogan auf, um gegen die Demokraten zu hetzen: sie unterstellen, dass ihre Haltung gegen den Nationalismus aus ihrer offen zugegebenen armenischen Abstammung herrühre!

In der Türkei pflegt man sich bei solchen Beerdigungen ein kleines Papier mit dem Foto des Verstorbenen und dem Geburts- und Sterbedatum an die Brust zu heften. Wenn es sich um politische Größen handelt, befinden sich an Stelle des Sterbedatums Auslassungspunkte. An jenem Tag hatten die Leute Fotos von Hrant an ihre Brust geheftet und darunter war das Datum 1954-… zu lesen, oder dasselbe Foto mit dem Datum 1915-… Tausende von Menschen haben diesen zweiten Anstecker mit der größten Selbstverständlichkeit durch die Straßen von Istanbul getragen. Das erste Mal gab es einen Elan, der aus den Reihen der Zivilbevölkerung selbst kam.

MARIAN Diese überschwängliche Bewegung beweist, dass seine Botschaft es vermocht hatte, weit über die Intellektuellenkreise hinaus die Leute zu erreichen, denn Hrant stellte die Fragen mit dem Herzen, mit Poesie, in Gleichnissen. Bevor sein Schicksal grausam besiegelt wurde, bewirkte er mit seiner besonderen Art, dass die frostigen Herzen auftauten, sich erwärmten, er wählte immer die Brüderlichkeit zu seinem Ausgangspunkt, verstand es, die Sachverhalte, die Anlass zu Konflikten boten, als künstliche zu entlarven und die Grundlage der Dinge als einen Grund, wenn auch nicht der Liebe, so doch zumindest der Brüderlichkeit zwischen den Menschen erscheinen zu lassen. All dies bedeutete eine Umkehr, in der, so glaube ich, die Armenier wie selbstverständlich christliche Werte wiederfanden, von denen sie der Völkermord kollektiv als auch auf persönlicher Ebene abgeschnitten hatte.

Genozid – der eine spricht es aus, der andere nicht

MARIAN Du, ich und viele andere Menschen, die lesen und sich informieren, stimmen in ihrer Beurteilung dcr Ereignisse von 1915 in unglaublich vielen Punkten überein. Warum also gibt es diesen Streit über die Verwendung des Wortes *Genozid*? Dies also ist die Frage, die wir erörtern müssen! Wenn Du einverstanden bist, lass uns also die Kriterien unter die Lupe nehmen, die in Nürnberg aufgestellt wurden und die definieren, was man unter einem Genozid zu verstehen hat.

Das erste Kriterium, die Natur der Zielgruppe, sei sie nun ethnisch oder religiös determiniert, wird von niemand in Frage gestellt. Das zweite Kriterium, die Art der verübten Taten: Akte genozidaler Natur, wird auch von niemand in Abrede gestellt. In seiner Liste stellt Raphael Lemkin die Zwangskonversionen heraus, die in weit größerem Ausmaß auf die Armenier 1915 zutrifft, als auf die Juden während des Zweiten Weltkriegs. Das dritte Kriterium besagt, dass eine Regierung beteiligt sein muss, und das vierte, dass es die Absicht gegeben haben muss, diese Vernichtung durchzuführen. An diesem Punkt nun scheiden sich die Geister. Wenn ich betrachte, was sich in der Zeit unmittelbar vor 1915 abgespielt hat und wenn ich die Persönlichkeiten der Verantwortlichen wie die von Talat Pascha näher in Augenschein nehme, wenn ich den Hergang der Ereignisse untersuche, bleibt mir überhaupt kein Zweifel. Talat

Paschas Ziel war es gewesen, dass nach Abwicklung der Deportationen so wenige Armenier wie möglich übrigbleiben mögen. Um dies zu erreichen, hatte er sich ein williges Werkzeug geschaffen, die „Spezialeinheit", die den Auftrag hatte, durch die schrecklichen Deportationsbedingungen die natürliche Eliminierung der Armenier vor Ort zu koordinieren, und ihre aktive Vernichtung durch die militärischen Einheiten oder durch ihre Auslieferung an die kurdischen Banden zu betreiben. Nimmt man also die Übereinstimmung zwischen dem, was sich 1915 zugetragen hat, und der Liste der Kriterien, wie sie in Nürnberg aufgestellt und in der Konvention der UNO 1948 bestätigt und festgeschrieben worden ist, zum Ausgangspunkt, ist es für mich offensichtlich, dass es sich hier um einen Genozid handelt.

INSEL Meiner Meinung nach ist die Verwendung des Begriffs *Genozid* nicht angebracht. Zunächst einmal ist das Wort Genozid für mich immer mit der Schoah assoziiert, das heißt mit einer absichtlichen, systematischen und gründlich durchgeführten Vernichtung von allen, beginnend mit den Kindern bis hin zu den Greisen ohne jeden Unterschied. Früher, als mir die Einzelheiten der Deportation der Armenier noch nicht bekannt waren, dachte ich, dass diese Massaker im Rahmen der Tradition der osmanischen Metzeleien zu sehen seien, die in den Reihen der eigenen Untertanen gewütet hatten. So erinnerte ich mich etwa an Kuyucu Murad Pascha Anfang des 17. Jahrhunderts. Er trug den Spitznamen

„der Brunnenausheber", weil er die Brunnen mit den abgeschnittenen Köpfen der Rebellen, oft sektiererischer Muslime, Alewiten und Drusen, zu füllen pflegte. Ich sah keinen wesentlichen Unterschied zwischen dem, was mit den Alewiten und dem, was mit den Armeniern geschehen war.

Ich war fünf Jahre alt, als 1960 das Militär in der Türkei die Macht an sich gerissen hat. Die große Mehrzahl der Abgeordneten warfen sie in die Gefängnisse. Eineinhalb Jahre später wurden der Premierminister, der Außenminister und der Finanzminister gehängt: die Fotografien der drei Minister, in Weiß gekleidet, am Strick baumelnd, mit der Zunge, die ihnen aus dem Mund hängt, haben sich in mein Gedächtnis eingeprägt. Dass sich die Gewalttätigkeit gegen die eigenen Untertanen richten kann, gehört also zur natürlichen Beschaffenheit meines Staates. Infolgedessen sah ich keinen wesentlichen Unterschied zu der Gewalt, die den Armeniern angetan worden war.

Später kam ich allmählich dahinter, dass der osmanische Staat hier eine besondere Absicht verfolgt hatte. Aber gleichzeitig entdecke ich auch namentlich das Gesetz, das 1934 die Deportation der Kurden innerhalb des Landes anordnet. Und ich begreife, dass es zu der Tradition des osmanischen Staates gehört, Deportationen in die Wege zu leiten; man hatte die muslimische Bevölkerung auf die Insel Zypern deportiert, es hat Deportationen zum Zwecke der Besiedlung gegeben, Strafdeportationen. Sogar 1959 wurden noch kurdische

Stammesführer aus dem Osten in die Städte Zentralanatoliens oder an die Mittelmeerküste deportiert.

Abgesehen davon befindet man sich 1915 mitten im Krieg. Es ist mir bewusst, dass die offizielle Geschichtsschreibung dieses Argument häufig ins Feld führt: die Armenier sind Untertanen, die sich auf die Seite des russischen Feindes geschlagen haben, man war mitten im Krieg, es war also nur selbstverständlich, sie von der Frontlinie zu entfernen, um sie daran zu hindern, uns meuchlings in den Rücken zu fallen. Das ist eine Argumentationslinie, die ziemlich effizient ist. Aber wenn man die Dinge genauer in Augenschein nimmt – und die Geographie der Deportation ist in dieser Hinsicht von großer Wichtigkeit –, bemerkt man, dass selbst Leute, die tausende Kilometer von der russischen Grenze entfernt lebten, deportiert worden sind. Was hatten die Armenier von Izmir, von den Dardanellen, von Bursa mit den Russen zu schaffen? Da begriff ich endlich, dass sich diese Deportationen von den anderen unterschieden. Wenn der osmanische Staat die armenischen Bevölkerungsteile, die sich in unmittelbarer Nähe zur russischen Frontlinie befanden, deportiert hätte, dann hätte man zur Not behaupten können, dass es sich um präventive Vorsichtsmaßnahmen gehandelt habe wie jene, welche die Amerikaner 1941 gegenüber den japanischstämmigen Amerikanern getroffen hatten, denn es gab ja tatsächlich armenische Milizen, die mit den Russen paktierten.

MARIAN Du bist also bereit zuzugeben, dass das, was die Türken den Armeniern 1915 zugefügt haben, immerhin schlimmer war als die amerikanischen Internierungslager, die 1941 für die Japaner eingerichtet worden waren?

INSEL Unvergleichlich schlimmer, natürlich. Zu diesem Zeitpunkt begann ich mir also zu sagen, dass dies nicht mehr zu der wenn auch verwerflichen, so doch allgemein üblichen politischen Routine des osmanischen Staates gehörte. Wir hatten es diesmal mit einer Vernichtungspolitik zu tun, welche sich ausdrücklich die Armenier zur Zielscheibe erkoren hatte – selbst wenn in anderen geschichtlichen Konstellationen auch die Griechen sowie andere Christen orientalischer Kirchen nicht verschont worden sind.

Aber ich sehe vorläufig noch einen Unterschied zwischen dem deutschen systematischen Vorgehen und dem türkischen. Die Mittel, die hier angewandt werden, sind manchmal recht primitiv – obgleich, liest man Talat Paschas Telegramme, es einem kalt über den Rücken läuft angesichts der Hartnäckigkeit und Besessenheit, mit der er die Abwicklung der Deportationen bis in die kleinsten Einzelheiten mit verfolgte. Und dann entdecke ich dank Hrant Dink die Geschichten der Entführungen, der Zwangskonversionen, und diese stellen einen eindeutigen Unterschied zum jüdischen Genozid dar. Die Deutschen treiben die Juden aus Deutschland weit hinaus, sie wollen den Juden vom Antlitz der Erde tilgen. Im Gegensatz dazu sieht man muslimische Türken, die sich armenische Frauen nehmen, die armenische Kinder adoptieren und zum Islam bekehren; wie dies übrigens auch in deiner Familie geschehen ist. Man findet eine ganze Palette verschiedener Verhaltensweisen unter den Osmanen: es gibt solche, die sich an den Massakern beteiligen, andere, die nach den Gütern ihrer armenischen Nachbaren schielen und sich diese so schnell wie möglich unter den Nagel reißen wollen, oder auch einige, die Armenier beschützen und schließlich gibt es die, die gänzlich unbeteiligt bleiben. Es ist schwirig, die Zahl der Konversionen genau anzugeben, aber dieses Phänomen ist nicht vernachlässigbar. Und es erlaubt die Aussage, dass sich die Osmanen nicht an die „Ausrottung einer Rasse" gemacht haben: dies ist der Grund, weshalb mir das Wort *Genozid* unangebracht scheint.

Wenn man hingegen nach all dem den Begriff des Genozids auf das anwendet, was sich in Srebrenica zugetragen hat, dann heißt dies, dass auch das, was mit den Armeniern geschehen ist, ein Genozid war. In Srebrenica umzingeln die Serben die Stadt und lassen Frauen und Kinder abziehen, bevor sie die 8000 Männer der Stadt töten. Wenn man aber annimmt, dass das Ziel des Genozids die totale Ausrottung eines Volkes, einer Ethnie ist, und dass zu diesem Zwecke sich sowohl Staat als auch Gesellschaft mit Überzeugung und in großem Stil beteiligen, dann ist 1915 kein Genozid…

Der Grund, die am tiefsten reichende Wurzel des armenischen, aber auch des griechischen und des jüdischen Problems ist die Weigerung der muslimischen Osmanen, die in den Weiten des Osmanischen Reiches als „das dominierende Millet" galten, in den anderen Millets ihnen Gleichgestellte zu erblicken. Sie haben dies nie akzeptiert. Auch heute noch nicht…

Wenn ich mir ansehe, was da geschehen ist, kann ich eher die Absicht einer klar umrissenen Gruppe ausmachen, eine der Völkerschaften des Osmanischen Reiches zu deportieren; und ich weiß, dass sich diese Deportation in eine Logik demographischer Planung einschreibt. Die Griechen werden nach Griechenland gejagt, die Bulgaren werden nach Bulgarien gejagt, die Armenier haben keine Heimat, also…

MARIAN Also werden sie in die Wüste gejagt. Die Ausrottung…

INSEL Ich sage mir: man lebt auf osmanischem Herrschaftsgebiet, die Eliten wollen einen Nationalstaat schaffen, der um jeden Preis ethnisch homogen sein soll, so wie man dies auch andernorts beobachten kann, die Armenier haben keine Heimat, aus diesem Grund wird ihre Deportation in die Wüste führen…

Dies ist also der Punkt, an dem ich mich heute befinde: ich denke, dass das, was 1915 geschah, ein sehr schwerwiegendes Verbrechen gegen die Menschlichkeit ist, dessen volle und ganze Verantwortung die osmanische Regierung trägt. Aber die Verwendung des Begriffs *Genozid* impliziert für mich, zu Recht oder zu Unrecht, dass ein Volk an der Ausrottung eines anderen Volkes beteiligt gewesen sein muss; aber es gab Konversionen in der armenischen Bevölkerung, adoptierte Kinder, Staatsbeamte, die sich den Deportationsbefehlen widersetzt haben, also kann ich den Begriff *Genozid* nicht verwenden. Selbst wenn mir bekannt ist, dass dies alles in der Definition von 1948 mit enthalten ist. Ich bin mit dir einverstanden, Michel, wenn man die Definition Lemkins heranzieht, dann ist dies ein Genozid… Würde der Internationale Gerichtshof entscheiden, dass Srebrenica ein Genozid ist, habe ich eben gesagt, werde ich denken, dass der Gerichtshof übertreibt, aber…

MARIAN Auch ich würde sagen, dass Srebrenica kein Genozid ist. Aber ich habe überhaupt keinen Zweifel bezüglich der Sache, die uns hier beschäftigt. Sehen wir uns einmal genauer an, warum ich behaupte, dass es sich in diesem Fall um einen Völkermord handelt und warum der Streit um das Wort wichtig ist. Gleichzeitig aber darf dieser Streit den Verlauf des Geschehens nicht blockieren und nicht zum einzigen Inhalt unserer Diskussion werden.

Warum also ist dies ein Genozid? Es gibt zwei wesentliche Gründe, von denen du den einen benannt hast: im Wortlaut der Definition der UNO von 1948 handelt es sich um einen Genozid. Ich habe dich richtig verstanden: du hast dies doch gesagt, nicht wahr?

INSEL Ja.

MARIAN Die Vereinten Nationen hatten die Definition von 1948 nicht nur mit Blick auf das ausgearbeitet, was sich unmittelbar vorher während des Krieges zugetragen hatte, sondern es war ihnen auch daran gelegen, einen allgemeinen juristischen Rahmen zu schaffen, um in Zukunft in ähnlichen Fällen rechtlich vorgehen zu können. Wenn man das Novum des Tatbestands in zu eindeutige Worte gefasst hätte, hätte man sich leicht dem Vorwurf aussetzen können, *a posteriori* Gerechtigkeit schaffen zu wollen, wohingegen der allgemein gehaltene Rahmen erlaubt, das zu definieren, was gemäß dem menschlichen Gewissen – und selbst wenn es nicht im Vorhinein im positiven Recht formalisiert worden ist – strafbar und kriminell ist. Jeder Völkermord hat seine eigenen Auswüchse, aber ihr Vergleich kann lehrreich sein: Lemkin erfuhr von den Grausamkeiten, die den Armeniern zugefügt worden waren, und hat auf dieser Grundlage das Konzept 1945 formalisiert und dieses Konzept erlaubte es später, bezüglich dessen, was sich in Ruanda zugetragen hatte, die erforderlichen Maßnahmen ergreifen zu können.

Und dann gibt es noch einen zweiten Grund, warum man hier von Genozid sprechen muss und den du nicht erwähnt hast, auf dem ich aber mit Nachdruck bestehe. Diese Deportation war von spezifischen und im Vorhinein geplanten Maßnahmen begleitet worden, die nicht einfach dem Zufall und dem Kriegsgeschehen zuzuschreiben sind: einerseits ist da die „Spezialeinheit", die mobilisierst wurde, um die Deportationen in ein Massensterben zu verwandeln, andererseits der Leugnungsapparat, der um Talat und die Regierung herum aufgebaut wurde. Dies beweist, dass man im vollsten Bewusstsein dessen, was man tut, die Umsetzung des Plans betreibt. Ich behaupte nicht, dass dieser Vernichtungsplan bereits Jahre vorher existiert hatte, aber ich denke, dass er beschleunigt wurde durch die Demütigung von Sarikamis, das heißt die den Türken durch Russland bereitete Niederlage Anfang 1915. Und die jungtürkischen Führer waren sehr aufgebracht, als die Armenier, die sie 1914 auf dem Kongress von Erzurum aufgesucht hatten, ihnen erklärten: „Wir, die Armenier aus der Türkei, werden die türkische Armee respektieren und ihren Anordnungen Folge leisten, wenn es sein muss, aber wir können uns nicht verpflichten, hinter die russischen Linien vorzudringen, um Russland zu bedrohen." Die Jungtürken haben diese Deklaration in gewisser Weise als einen Affront empfunden.

INSEL Hinzukommt die Angst, dass die sechs Vilâyets (Provinzen) des Ostens ihre Autonomie erlangen könnten, wie dies in den Verträgen mit den Westmächten 1914 ausgehandelt worden war. Dieser internationale Reformplan etabliert auch eine neue Praxis: es werden zwei Inspektoren aus dem Ausland für diese sechs Regionen ernannt. Das erinnert in beunruhigender Weise an das, was sich bereits auf dem Balkan zugetragen hatte und nährt die Angst, dass auf die Gewährung der Autonomie die Annexion folgen wird. In allen Hinterköpfen spukt die Idee, dass wir, die Osmanen, zwar den

Krieg gewinnen, aber am Verhandlungstisch schmählich versagen… Man sehe nur, was sich auf Kreta mit den Griechen abgespielt hatte…

MARIAN Ein letzter Punkt, der einen wirklichen Plan zur Ausrottung der Armenier annehmen lässt: das, was sich im hintersten Winkel der syrischen Wüste zuträgt, in den Konzentrationslagern, in die Deportierte zu Tausenden strömen. Nun, selbst hier noch erteilt man den Befehl zur Ausrottung. Diese Deportationen haben also die totale Vernichtung zum Ziel und sind nicht einfache Umsiedlungen. Es erscheint mir demnach unstrittig, dass es sich gemäß dem Wortlaut von 1948 um einen Genozid handelt.

Warum also ist der Streit um das Wort wichtig? Nicht aufgrund irgendeiner rechtlichen Erwägung, da man ja sehen konnte, dass es auf jeden Fall ein positives Recht nicht gab, das die Verbrechen von 1915 ahnden konnte, sondern weil die Armenier für all das bezahlen mussten, was das Osmanische Reich vorher verloren hatte, das heißt, dass sie in eine Art Schlinge, in eine Falle der Geschichte geraten waren. Es wird niemals eine Wiedergutmachung für die Toten geben. Es wäre also gerecht, wenn es eine Entwicklung im Gewissen der Weltöffentlichkeit gäbe, die uns erlaubt zu sagen: in der Tat, so ist es: das, was euch widerfahren ist, nennt man Genozid. Sicherlich ist es zu spät für gerichtliche Sanktionen, es ist unmöglich, einen Gerichtshof einzuberufen, aber wenn man zugeben würde, dass dies ein Genozid war, gäbe es nach dem schrecklichen historischen Verhängnis, dessen Opfer wir geworden sind, eine Art Genugtuung durch den Trost, den eine nachträgliche Entwicklung des Rechts und des Gerechtigkeitssinns zu spenden vermag.

Warum gewährt man uns nicht die Anerkennung dieser Wahrheit, wenn es doch eine Wahrheit ist? Ich füge hinzu, um damit auf die universelle Dimension zurückzukommen, die im Zentrum der Ausarbeitung des Genozidkonzepts steht, dass diese Weigerung, dem Geschehen eine angemessene Bezeichnung zukommen zu lassen, eine willentliche Missdeutung der Tatsachen ist, die sowohl in der Türkei als auch international ein ethisches Problem darstellt.

Aber davon abgesehen glaube ich, dass diese Debatte kein Hemmschuh sein darf, dass man sich nicht auf dies Wort versteifen soll und jeglichen Dialog ausschlagen muss, solange der Genozid nicht anerkannt wurde. Man kann beispielsweise sehr wohl die Unterschiede zur Schoah diskutieren, aber unter der Bedingung, dass man nicht sagt, der Genozid an den Armeniern sei eher mit Srebrenica als mit der Schoah zu vergleichen…

INSEL Das steht fest.

MARIAN Ein Beispiel: es gibt keinen Zweifel an der Tatsache, dass es in Ruanda einen Genozid gab, obgleich die *Ruandische Patriotische Front*, die von den Tutsi angeführt wurde, bereits vor den Toren von Kigali stand! Ihre Machtergreifung bedeutete eine reale Gefahr, aber die schlichte Beobachtung der massiven Menschenabschlachtungen, der maßlosen Gräuel, welche die Hutu-Regierung jener Stunden in die Wege leitete, führt dazu, dass der Genozid nicht in Frage gestellt wird. Die entschuldigende Begründung, es habe sich um eine legitime Verteidigung gehandelt, ist nicht stichhaltig, obgleich sie von den Hutu mit weit größerem Recht ins Feld geführt werden könnte als von den Jungtürken. Das, was allein zählt, ist die Absicht, sich einer Bevölkerung zu entledigen und ihre Ausführung. Und da schließe ich mich Yves Ternon an: diese Absicht ist in den drei Fällen (Armenier, Juden, Tutsi) – was auch immer im Einzelnen die Unterschiede sein mögen – unstrittig.

Ich teile deine Ansicht bezüglich der Tatsache, dass der Schoah eine besondere symbolische Bedeutung zukommt. Über die Schoah nachdenken heißt sich mit Wachsamkeit gegenüber jeder Art von Ideologie wappnen, die sich in einem bestimmten Moment in solchem Ausmaß verselbstständigen kann, dass sie zu einer gänzlich irrationalen Brandmarkung des inneren Feindes führt. Die Menschheit muss gegenüber einer solchen Gefahr wachgerüttelt werden, doch bin ich gleichzeitig überzeugt, dass das Nachdenken über den armenischen Genozid, die Berücksichtigung des armenischen Genozids wie auch desjenigen, der in Ruanda stattgefunden hat, ebenfalls eine Warnung vor der Radikalisierung politischer Aktionen darstellt, die zum Zwecke der „nationalen" oder ethnischen Sicherheit durchgeführt werden. Ich glaube, dass es wichtig ist aufzuzeigen, dass in Konstellationen, die viel häufiger auftreten können als jene, die zur Schoah geführt haben, es zu sehr schwerwiegenden Verbrechen kommen kann. Und man kann auch zugeben, dass es sehr wohl Unterschiede zur Schoah gibt und man kann diese auch benennen. So ist etwa einer dieser Unterschiede die Islamisierung von Bevölkerungsteilen, oder vielmehr die Islamisierung von Frauen und Kindern, die man nach und nach zu entdecken beginnt. Man wusste davon, aber man hatte deren Ausmaß unterschätzt und vielleicht wollte man dies auch nicht wirklich zur Kenntnis nehmen.

Die Zwangsislamisierungen dürfen nicht zu dem Zwecke angeführt werden, dass der genozidale Charakter dessen, was geschehen ist, verharmlost werde, denn es gibt immerhin eine Vielzahl von Menschen, Frauen und Kinder, denen man diese Wahl nicht gelassen hat, die man abgeschlachtet oder zum Tod in der Wüste verurteilt hat.

Wie alle menschlichen Wahrheiten, die man zu einem bestimmten Zeitpunkt plötzlich entdeckt, kann sich dies beinahe zu einer Modeerscheinung auswachsen, das heißt, dass es heute in gewissen, vor allem kurdischen Familien fast zum guten Ton gehört, eine armenische Großmutter zu haben. In all diesen Fällen führen die Entführungen, Konversionen, Adoptionen von Armeniern dazu, dass man sich im Angesicht von ethnischen Verschmelzungen befindet, die niemand erwartet, niemand vorhergesehen hat und die niemand integrieren konnte und es müssen sicherlich noch einige Jahre vergehen, um mit ihrer Problematik zu Rande zu kommen… Für uns Armenier sind natürlich solche islamisierten Armenier ein Problem. Wir sind ein Volk, das sich bis jetzt immer über die Religionszugehörigkeit definiert hat. Und dennoch zeugen diese islamisierten Armenier von einer Art Kitt, von einer gemeinsamen Grundlage der türkisch-armenischen Beziehungen, die von anderem Gepräge sind.

INSEL Kleinkinder und junge Mädchen werden während der Deportation entführt oder gerettet und dann islamisiert. Viele türkische muslimische Familien entdecken heute eine armenische Großmutter in ihrer Mitte. Auch armenische Großväter sind dabei, aber in viel geringerer Zahl: wahrscheinlich sind die Jungen ab einem bestimmten Alter eher getötet als bekehrt worden. Es gab anscheinend auch eine zweite Islamisierungswelle, aber dieses Mal, unter dem gesellschaftlichen Druck, eher freiwilliger Natur.

MARIAN Wenn wir unsere Differenz diesbezüglich zusammenfassen wollen, scheint mir, dass in deinen Augen die Tatsache, dass die Entscheidung von 1915 in einen politischen Kontext eingebettet war, einen unbedingten Unterschied zur Schoah darstellt. Das stört mich nicht weiter. Meiner Meinung nach kann dies der Tatsache nicht Abbruch tun, dass die Notwendigkeit besteht – und eine Notwendigkeit auch für die Türken –, das beim Namen zu nennen, was geschehen ist und durch wen es geschehen ist, und dass man dabei zuvörderst Talat Pascha hervorheben muss, dessen Verantwortlichkeit sich immer deutlicher abzuzeichnen beginnt. Hingegen – und da entferne ich mich geringfügig von dem, was du sagst – glaube ich, dass 1915 die modernen Kommunikationsmittel in einem ganz anderen Ausmaß die Umsetzung von Deportationen und Massakern ermöglicht haben, als dies während der Unternehmungen ähnlicher Art Ende des vorausgehenden Jahrhunderts der Fall gewesen ist.

INSEL Du hast recht. Der Einsatz moderner Technik ist in der Ausführung von Talat Paschas Vernichtungswerk sehr wohl nachweisbar. Als ehemaliger Beamter der Post- und Telegraphenverwaltung lässt er bei sich zu Hause einen Telegraphen installieren und verbringt irrsinnig viel Zeit damit, seine Befehle mit dessen Hilfe an seine Präfekten weiterzuleiten. Er verfolgt dank dieses Telegraphen die Spur jeder einzelnen Familie sozusagen hautnah: sind sie bereits aus Eskişehir aufgebrochen? Sind sie schon in Adana eingetroffen? Was tun sie? Folgen sie? fragt er in seinen Telegrammen. Seine moderne telegraphische Ausrüstung erlaubt ihm eine Kommunikation *in vivo*. Und das gab es vorher wahrlich nicht.

Aber, Michel, ich mache dich aufmerksam auf die Repressalien, die von Talat Pascha und seiner Regierung ausgeheckt werden und derer jene Präfekten und Unterpräfekten gewärtig sein müssen, die sich weigern, den Deportationsbefehlen Folge zu leisten. An diesem Punkt wird klar, dass es sich um die systematische Planung einer gewissen Gruppe von Individuen handelt. In seinen Telegrammen droht Talat Pascha beispielsweise lokalen Funktionären: „Lasst euch nicht täuschen!", sagt er ihnen. „Es kann unter ihnen Leute geben, die sich allzu leicht bekehren lassen. Nur weil sie zum Islam übergetreten sind, heißt das noch lange nicht, dass man sie nicht deportieren müsste…" Das belegt Talat Paschas Rassismus. Übrigens ist die muslimische Bevölkerung manchmal betreten, wenn sie mit ansehen muss, dass selbst die Konvertiten nicht verschont werden…

MARIAN Der Rassismus an und für sich macht sich in einer recht ideologisierten Elite breit, die sich um Ziya Gökalps Thesen schart, der die Bourgeoisie der „Minderheiten" durch eine türkische Bourgeoisie ersetzen will.

INSEL Talat und eine ganze Reihe von Funktionären der Partei für Einheit und Fortschritt haben für sich die ethnonationale Ideologie entdeckt und in ihnen kann man den Reinheitsfanatismus und auch die Unduldsamkeit all jener Eiferer wiederfinden, die vom Rausch einer neuen Entdeckung ergriffen werden: sie sind eben jüngst Bekehrte…

MARIAN Überdies ist es modern, das heißt, dass hinter all dem der Positivismus steckt… Aber das Interessante dabei ist, dass es sich auf Seiten der Bevölkerung nur um ein erneutes Abspulen der immer gleichen alten

Geschichte handelt: Muslime treten gegen Christen an. Ihnen bietet sich die Gelegenheit, den Christen eine saftige Lektion zu verpassen, zu plündern, ja sogar zu islamisieren, also sich auf deren Kosten ein bisschen weiter auszubreiten, aber laut Definition geschieht dies in einem genau abgesteckten Zeitraum, der zyklisch wiederkehrt, das heißt repetitiv verläuft. Die totale Ausrottung ist in der Vorstellung der muslimischen Bevölkerung überhaupt nicht vorgesehen, im Gegenteil: man muss sich ja diese Überlegenheit über die unterworfenen Völkerschaften bewahren. Bei jener Minderheit aber, die gerade an der Macht ist, in deren Mitte es einige gibt, die von Ideologen aus dem Kaukasus und Russland bearbeitet worden sind und die vom Groll gegen die zaristische Unterdrückung der muslimischen Völkerschaften geprägt sind, bei ihnen also kristallisiert sich etwas heraus, das von einem sich modernistisch gebenden Rausch herrührt: auf einmal tut sich die neue, bislang unerhörte Möglichkeit auf, die totale Ausrottung zu denken.

INSEL Wir sind uns – und das ist offensichtlich – in vielen Punkten einig. Aber ich beharre darauf, weiter von einem Verbrechen gegen die Menschlichkeit zu sprechen, was aber in meinen Augen die Schwere der Ereignisse in keiner Weise verunglimpft. Ich hätte es gern, wenn man anerkennt, dass die Tatsache, dass ich den Begriff *Genozid* nicht benutze, nicht einen taktischen Winkelzug meinerseits darstellt. Es geschieht nicht, damit die Türkei „die bittere Pille leichter hinunterschlucke", es geschieht nicht, damit ich keine Scherereien mit dem türkischen Staat bekomme, es handelt sich vielmehr um eine Überzeugung, die auf dem gründet, was mir zu lesen, festzustellen, in Auseinandersetzungen zu diskutieren vergönnt war und des Weiteren auf den Ergebnissen meiner eigenen Analyse der damaligen Ereignisse. Es wäre ein wenig verletzend zu denken, dass die Leute annehmen, ich vermiede das Wort Genozid allein aus politischem Opportunismus.

Du hast aber eben behauptet, dass die Weigerung, die angemessene Bezeichnung zu verwenden, eine willentliche Missdeutung der Tatsachen sei und dass dies ein ethisches Problem darstelle. Ich bin nicht einverstanden mit dieser „alles oder nichts"-Formulierung. Wie in allen Bereichen – und dies betrifft auch die Schoah – darf die Hinterfragung der Ereignisse nie abbrechen. Wenn ich die Massaker als Verbrechen gegen die Menschlichkeit qualifiziere, denkst du, dass dies bei mir von einem ethischen Problem herrührt?

Überdies muss ich offen bekennen, dass in der Türkei nunmehr die Möglichkeit, den Begriff *armenischer Genozid* zu benutzen, nicht mehr systematisch unterdrückt wird. Was dies betrifft, so ist eine positive Entwicklung zu verzeichnen: es gibt Leute, die offen sagen, dass es sich um einen Genozid handelt, die damit nicht hinter dem Berg halten, es gibt Leute, die unsere Entschuldigungserklärung nicht unterschrieben haben, gerade weil wir das Wort Genozid nicht benutzt haben. In zwanzig Jahren, in zwei Jahren, in sechs Monaten, eines

Tages werde ich vielleicht den Begriff Genozid ebenfalls benutzen, weil ich inzwischen neue Informationen bekommen haben werde. Weißt du, ich habe bereits eine nicht zu verachtende Entwicklung durchlaufen?

MARIAN Ich bemerke es sehr wohl. Aber ich bin wirklich der Meinung, dass es einen enormen Unterschied gibt zwischen dem Genozid, der aufgrund eines Plans zur Ausrottung einer Bevölkerung systematisch ausgeführt wird, und dem Verbrechen gegen die Menschlichkeit, das in Zahl und Zielgruppe nur einen Teil der Bevölkerung erfasst, wie dies in Srebrenica der Fall war. Und dass es aus diesem Grund wesentlich ist, ethisch unabdingbar ist, diesen Unterschied anzuerkennen.

Der Großteil der Armenier – und ich gehöre dazu – teilen eine gewissen Ungeduld, was dies betrifft. Wenn ich Ahmet sagen höre: „vielleicht in zwanzig Jahren", muss ich erkennen, dass für mich 2015 eine Grenze darstellt. Der hundertste Jahrestag des Genozids von 1915 ist das *non plus ultra* für die Anerkennung des Genozids. Ich kann großzügig noch einige Jahre warten, aber länger warten als bis 2015 wäre unvorstellbar...

INSEL Ich verstehe deine Ungeduld.

MARIAN Was ich jedoch mit gewissen Armeniern nicht teile, ist die Tatsache, dass ihr Verhältnis zu den Türken ausschließlich von diesem anklagend erhobenen Zeigefinger bestimmt ist. Dass sie ihre moralische Position dazu missbrauchen, nicht bloß all jene als Genozidleugner zu brandmarken, die das Wort Genozid nicht benutzen, sondern auch jene, die jetzt das Wort Genozid in einem funktionalistischen Sinne gebrauchen, wie dies etwa der Historiker Fuat Dündar tut, der zur Erklärung des Genozids ausführt, er sei das Zusammentreffen eines bevölkerungspolitischen Plans, ausgeheckt, um alle Minderheiten Anatoliens aufzulösen, und der Kopflosigkeit, die sich beim Heranrücken der russischen Armee aller Beteiligten bemächtigte. Auch lehne ich die Idee ab, dass die Türken, die den Genozid aktiv leugnen, genauso zu beurteilen seien wie jene, die das Verbrechen tatsächlich begangen haben. Dies ist eine sehr gefährliche Idee, weil sie in Wirklichkeit eine Art Relativierung des Verbrechens, des Übergangs zur Tat an sich bedeutet, wo doch das Verbrechen selbst keinesfalls dasselbe sein kann wie ein Diskurs der Verteidigung oder der Verharmlosung desselben.

Andererseits aber erwarte ich auch, dass die Türken in keiner Weise das Verbrechen von Talat bagatellisieren und dass sie Talat, Behaeddin Schakir, den Anführer der Spezialeinheit, und diese ganze verbrecherische Rotte aus dem Pantheon der türkischen Geschichte hinauswerfen – und dies ist nicht einzig und allein ein armenisches Problem!

INSEL Richtig! Diese türkische Geschichte ist noch lange nicht zu Ende, da hast du recht: die schwere Verantwortung der Partei für Einheit und Fortschritt und diejenige

Talats nicht einzusehen bewirkt, dass heute beispielsweise die Ultranationalisten, die eifrig bemüht sind, den Beitritt der Türkei zur Europäische Union zu vereiteln, die toben, um das Zypernproblem zu blockieren, dass sie also ihr Komitee „Komitee Talat Pascha" genannt haben. Man kann demnach nicht behaupten, dies alles gehöre der Vergangenheit an. Ich würde mit Brecht sagen wollen: „Der Schoß ist fruchtbar noch, aus dem das kroch", aber in der Türkei ist er mehr als fruchtbar, er ist ständig trächtig, wirft ständig Junge. Die Einsicht in diese Verantwortung und ihre moralische Verurteilung sind notwendig, um den Urhebern der Verbrechen in den Augen der türkischen Bevölkerung ein für alle Mal jegliche Rechtfertigung zu entziehen. Es ist dies die *conditio sine qua non* für die Demokratisierung unseres Landes, für unsere Befreiung von unseren Dämonen.

Eine Geschichte, die man teilen sollte

INSEL Wir, die Türken, haben eine unglaubliche Erinnerungsarbeit zu bewältigen. Zunächst müssen wir uns historischen Tatsachen stellen, die wir zu lange geleugnet oder nicht gewusst haben, um anschließend unsere eigene Erinnerung in neuer Weise zusammenzusetzen. Das wird nicht wenig Zeit in Anspruch nehmen. Wir befinden uns also in der Türkei gewissermaßen in der Zwickmühle zwischen der langen Zeit dieser noch zu leistenden Erinnerungsarbeit und dem viel schnelleren Rhythmus, dem der Beitrittsprozess zur Europäischen Union unterliegt und der bei großzügigster Schätzung innerhalb eines Jahrzehnts abgewickelt sein muss.

MARIAN Ich bin mir der Tatsache bewusst, dass es zwei unterschiedliche Terminkalender gibt. Auf der einen Seite den diplomatischen und politischen Kalender, in den der Beitritt der Türkei zur Europäischen Union eingeschrieben ist. Und auf der anderen, der Kalender dessen, was man eine wahrhaftige Anerkennung, eine wirkliche Neuordnung der Erinnerung nennen könnte und der seinerseits mit viel größeren Zeiträumen rechnen muss.

Im selben Ausmaß bin ich mir aber auch der Tatsache bewusst, dass dies für die Armenier, die bereits neunzig Jahre gewartet haben, trotz allem viel, unglaublich viel Zeit ist! Denn uns, die Armenier, treibt immer die Angst um, dass wir, wenn wir diese Anerkennung nicht jetzt durchsetzen können, solange es noch eine Umkehrung der Kräfteverhältnisse gibt, das heißt, in diesem politischen Moment, in dem wir uns auf Seiten der Mächte befinden, die den Eintrittsschlüssel für Europa in Händen halten, wir diese Anerkennung niemals bekommen werden! Und gerade weil ich mir all dessen bewusst bin, erscheint mir der Dialog, den wir hier und jetzt zwischen Intellektuellen und mit der Zivilgesellschaft angehen von unglaublicher Wichtigkeit.

INSEL Diese Neuordnung der Erinnerung muss von der gesamten türkischen Bevölkerung gelebt, angenommen und verinnerlicht werden. Diese Erinnerungsarbeit muss in die Tiefe gehen und wird nicht wirksam sein, wenn sie uns von oben aufgezwungen wird. Es wäre sogar verdächtig, würde der türkische Staat plötzlich sagen: seht her, von nun an ist dies die neue offizielle Wahrheit.

MARIAN Du sagst, dass es verdächtig wäre, wenn der Staat, sagen wir, die heutige offizielle Wahrheit durch eine ihr entgegengesetzte Wahrheit ersetzen würde. Damit bin ich einverstanden: wenn es sich in dieser Weise abspielen würde, wäre dies verdächtig. Doch denke ich, dass man auch nicht leugnen kann, dass der Staat einen gewissen Einfluss geltend machen könnte. Im Übrigen hat die Regierungspartei AKP (*Partei für Gerechtigkeit und Aufschwung*) besonders während ihrer ersten Legislaturperiode (2002-2007) eine sehr wichtige Rolle im Auflockerungsprozess gespielt. Danach kam die Enttäuschung und dann, trotzdem, am 23. Mai 2009, mit der Erklärung des Premierministers in Düzce, das erste Anzeichen einer Öffnung: „Über Jahre hinweg wurden jene, die eine Identität haben, die von der unseren verschieden ist, aus unserem Land gejagt. Dies war irrational und entsprang einer faschistischen Sichtweise", erklärte der türkische Premierminister Tayyip Erdogan an jenem Tag.

INSEL Die AKP-Regierung erleichtert unleugbar die Entwicklung…

MARIAN … was die Befreiung der Rede betrifft. Meines Erachtens stellt sich sogar noch vor dem – in meinen Augen – einschlägigen Datum 2015 für die Anerkennung des Genozids die Frage nach einem zusätzlichen Schritt, den die Regierung in diese Richtung tun könnte. So gab es etwa im April 2009 in der Türkei die Erklärungen von Abdullah Gül im Anschluss an jene von Barack Obama. Der türkische Präsident hat sich zwar nicht zur amerikanischen Position bekannt, in welcher der Genozid zur Sprache kommt, doch hat er zumindest nicht die offizielle Leugnung wiederholt.

INSEL Genau…

MARIAN Also könnte man sich vorstellen, dass die türkische Regierung, ohne den armenischen Diskurs Wort für Wort nachzuahmen, jede offizielle Position der

Leugnung aufgibt. So könnte sie etwa den Entschluss fassen, in der Ausbildung der jungen türkischen Diplomaten bezüglich der Armenischen Frage nicht mehr auf den Leugnungsdiskurs zurückzugreifen. Sie könnte des Weiteren den Inhalt der Schulbücher einer kritischen Durchsicht unterziehen. Und dann die Fördermittel solchen Instituten entziehen, die in ihrem Diskurs die Jungtürken offensichtlich glorifizieren.

Kurz gesagt, ich denke, es wäre da eine ganze Reihe von Aufkündigungen der bisher vertretenen Position möglich, die an verschiedenen Punkten ansetzen könnte; denn zurzeit erweckt die Türkei den Eindruck, sie habe über 1915 eine Wahrheit zu verkünden, die zu jener der Armenier und eines Großteils der internationalen Gemeinschaft in diametralem Gegensatz steht.

INSEL Ja. Es gab in den 90er Jahren von der Zivilbevölkerung angestoßene Initiativen, in denen der Aufwand nicht gescheut wurde, die ideologische, nationalistische und ultranationalistische Geschichtsklitterung in den Schulbüchern aufzudecken. Der türkische Verband der Unternehmer und Geschäftsleute Tüsiad hat daraufhin die Herausgabe neuer Geschichtsbücher subventioniert. Diese sind fast eine Kopie der entsprechenden französischen Geschichtsbücher, die bei Hachette erschienen sind, nur dass die Kapitel zur Geschichte Frankreichs mit solchen über die Geschichte des Osmanischen Reiches und dann der modernen Türkei ersetzt wurden. Der türkische frankophone Historiker Ahmet Kuyas hatte dies Projekt koordiniert. In der Frage, die uns interessiert, wird präzisiert, dass die armenischen Ausschreitungen nach 1916 stattgefunden haben und nicht vor den Ereignissen von 1915. Ein weiteres Novum: der Text nennt für 1915 die Zahl von 600000 getöteten Armeniern. Diese Geschichtsbücher ersetzen zwar die Schulbücher nicht, doch werden sie von unzähligen Lehrern zu Rate gezogen.

MARIAN Was die Zahlen betrifft, so handelt es sich aufgrund der Schätzungen des türkischen Historikers Taner Akçam um 800000 getötete Armenier. Auf unserer Seite pflegen wir gewöhnlicherweise die Zahl 1500000 anzugeben. Aber es ist dies eine heikle und komplizierte Schätzung. Denn diese Zahl deckt verschiedene Wirklichkeiten ab. So gab es unter den 1915-1916 oder 1920 vermissten Armeniern solche, die ermordet worden sind wie mein Urgroßvater und zwei seiner Söhne; es gab auch die, die während der Deportationen vor Erschöpfung, vor Hunger und Durst oder wahnsinnig geworden gestorben sind; und dann sind hier die entführten Kinder zu nennen – der Fall eines meiner Großonkel etwa; und die Frauen wie die Schwiegertochter meiner Urgroßmutter, die zum Islam übergetreten sind und einen Türken geheiratet haben. Dies ist der Grund, weshalb sich der französisch-armenische Historiker Raymond Kévorkian nicht bei der Frage der Zahl aufhält. Er gibt jedoch die Zahlen vor dem Genozid an: als 1900000 Armenier im Osmanischen Reich lebten und dort 3000

Kirchen besaßen und 2000 Schulen. Dies ist sogar weit aussagekräftiger! Es liegt wohl auf der Hand, dass der Streit um die Zahlen kaum ein Hindernis für die Neuschreibung der Geschichtsbücher darstellen kann; genauso wie man das Andenken Talats unschwer *ad acta* legen könnte, sein „Image" als Verteidiger der Heimat als unzutreffend bloßstellen könnte, indem man *a contrario* das Andenken jener Rechtschaffenen würdigt, die sich zutiefst menschlich erzeigt hatten. Sie haben Gefahren auf sich genommen. Diese Rechtschaffenen haben den Gang der Geschichte nicht einfach akzeptiert. Der politische Kontext war ihnen vollkommen bewusst und dennoch haben sie Nein gesagt. Jener Mensch, der einen Teil meiner Familie gerettet hat, „mein Rechtschaffener", war Gouverneur von Bayazit, er hieß Bagh Efendi.

INSEL Es gibt unter ihnen tatsächlich einige erwähnenswerte Persönlichkeiten. Der Präfekt von Kütahya hat sich geweigert, dem Deportationsbefehl Folge zu leisten, desgleichen zwei Unterpräfekten, die von der Geheimen Organisation daraufhin ermordet wurden; einige Muftis haben sich widersetzt, einige Kurdenstämme; Alewiten, vor allem die in Dersim, haben den Armeniern geholfen, nach Russland zu entkommen. Historiker beginnen jetzt die Geschichten dieser Personen herauszuarbeiten, die sich geweigert haben, die Deportationsbefehle in die Tat umzusetzen oder die Teile der armenischen Bevölkerung versteckt haben.

MARIAN Und dann möge die türkische Regierung damit aufhören, den nationalistischen Gruppen in der Diaspora unter die Arme zu greifen! Ich glaube, dass uns, uns den Armeniern, angesichts dieser türkischen Diaspora eine wichtige Rolle zukommt. 2008, ein Jahr nach Hrant Dinks Tod, hatten wir eine gemeinsame Gedenkfeier organisiert, die in den Kreisen der armenischen Diaspora selbst eine äußerst hitzige Debatte ausgelöst hatte, weil wir dies zusammen mit türkischen Verbänden gemacht haben, deren Haltung wir bemerkenswert fanden, die aber in der Öffentlichkeit das Wort Genozid nicht in den Mund nahmen. Nun haben aber diese Verbände nach der Entschuldigungserklärung von Ahmet und seinen Freunden, die an die Armenier gerichtet ist, und nach unserer Antwort darauf[5], den Kontakt zu uns nicht mehr gesucht. Dies tut mir leid, wir müssen diese Beziehungen erneuern, denn es ist sehr wichtig, dass es in Frankreich keine Feindseligkeiten zwischen den türkischen und armenischen Gemeinschaften gibt.

Ich stelle übrigens mit Zufriedenheit, aber auch mit einer gewissen Vorsicht fest, dass 2006, nach dem ernst zu nehmenden Alarm, mit dem antiarmenische Demonstrationen in Berlin und Lyon angekündigt wurden, es später zu nichts dergleichen mehr gekommen ist. In Deutschland ist eine solche Zurückhaltung vielleicht der äußerst positiven Aktivität politischer Führer türkischer Abstammung zu verdanken wie etwa der von Cem Özdemir, der ehemaliger Abgeordneter und einer

---

[5] Siehe Anhang 1 und 2, S.192-200.

der beiden Bundesvorsitzenden der Grünen ist und der auch eure Entschuldigungserklärung unterschrieben hat. Aber in Belgien ist die Lage besorgniserregend: die Leader der türkischen Gemeinschaft bauen ihre politische Karriere in den belgischen Parteien auf dem antiarmenischen Diskurs auf.

Im Moment ist der einzige faktische Vorschlag der türkischen Regierung die Einberufung einer Historikerkommission. Für die Armenier bedeutet sie einen moralischen Skandal, einen Kuhhandel um den Genozid. Ich füge hinzu, dass aufgrund der Existenz des Paragraphen 301 im Türkischen Strafgesetzbuch, der die Erwähnung des Genozids ahndet, so einer Historikerkommission jegliche wissenschaftliche Glaubwürdigkeit von vornherein abgesprochen werden muss. Die Vorbedingung ist also, wie man's auch dreht und wendet, das Aufgeben der offiziellen Leugnungsposition. Danach kann alles einen neuen Sinn bekommen. Diese Kommission kann dann zum Schlupfloch werden, das eine türkische Regierung eines Tages brauchen wird, um das Verbrechen zuzugeben. Überdies vermag sie zu einem nützlichen Werkzeug bei der Annäherung unterschiedlicher Geschichtsschreibungen im Hinblick auf die Zukunft zu werden, wie dies etwa die Deutschen und Tschechen gemeinsam zuwege gebracht haben.

INSEL Man kann auf die Wahrnehmung dieses Dramas nicht einfach mit Vernunftgründen einwirken. Es wäre nötig, dass das, was die Armenier erlitten haben, von der türkischen Bevölkerung nachempfunden wird. Es wäre nötig, dass man die Menschen in der Türkei über die Geschichten der Deportation informiert, dass man diese ans Tageslicht bringt.

MARIAN Ja, und wenn diese Geschichten einmal öffentlich zugänglich sind, wenn sie in der Türkei verbreitet werden, dann müsste es eine Art zweite Zäsur geben. In diesem Augenblick werden die Diskussionen über die Bezeichnung des Verbrechens in den Hintergrund treten und man wird das wieder aufgreifen, was in eurer Entschuldigungserklärung so wichtig gewesen ist: die Tatsache, dass man um Vergebung bittet. Schließlich ist ja die historische Bezeichnung als Genozid zunächst ein Mittel, das uns den Zugang zum *tremendum* des Ereignisses erleichtert.

INSEL Das, was die Überlebenden der Deportation erzählen, das, was sie beschreiben, ist von äußerster Wichtigkeit. In den 1970er-80er Jahren hat Verjine Svazlian, eine armenische Ethnographin, ihre Berichte zusammengetragen. Es handelt sich dabei um die Berichte von Armeniern, die zwischen 1899 und 1910 geboren sind. Sie waren also zum Zeitpunkt der Deportation zwischen 5 und 15 Jahre alt und lebten in Muş, in Bitlis, in Van, von wo aus sie ins nahegelegene Armenien flüchten konnten. Diese Berichte sind sehr bedrückend. In der Türkei ist ihre Veröffentlichung sehr schwierig, denn sie sind von großer Heftigkeit gegen die Türken, die zumeist als barbarisch und blutrünstig beschrieben werden; auch kann man solche Passagen nicht streichen, denn man begreift, dass Kinder, die zusehen mussten, wie ihre Eltern von muslimischen Türken oder Kurden ermordet wurden, traumatisiert sind. Es gibt insgesamt 160 Berichte, von denen 120 ins Türkische übersetzt wurden und im Internet unter der Adresse www.ermeni.org abrufbar sind.

MARIAN Fallen die alten Fesseln vom Wort, bewirkt dies, dass heute in der Türkei viele individuelle Geschichten ans Tageslicht treten; das sind Geschichten, die ungefähr den Zeitraum von 1923-1970 abdecken. Nun, die Armenier der Diaspora vertraten lange Zeit die Idee einer etwas schematischen Geschichte, der zufolge alle Armenier (mit Ausnahme jener aus Istanbul) nach 1923 vom anatolischen Boden verschwunden waren. Und wenn jetzt plötzlich diese neuen Berichte auftauchen wie etwa Fethiye Çetins *Das Buch meiner Großmutter*, geben sich die Armenier Rechenschaft, welch Vielschichtigkeit der Verhältnisse und Schicksale sich zwischen islamisierten Armeniern, verborgenen oder stummen Armeniern auftut, dass es also bislang unbeachtete Formen des Zusammenlebens von Türken und Armeniern gibt.

INSEL Es gab, glaube ich, 1923, nach der Ausrufung der Republik, ungefähr 300000 Armenier in der Türkei. Nicht wenige unter ihnen lebten in Anatolien. Es ist notwendig, dass wir uns mit dem auseinandersetzen, was diese Armenier, die es heute dort nicht mehr gibt, erlebt haben. Aber allgemeiner gesprochen, glaube ich, dass wir das Angstgespenst, das der Kemalismus weiter nährt, bannen müssen, um die Leichen endlich aus unseren Kellern zu holen. Und nicht nur die der Armenier, sondern auch die der Muslime, die im Kaukasus, auf dem Balkan deportiert und ermordet worden sind. Wenn man die Armenier allein in den Brennpunkt der Aufmerksamkeit rückt, läuft man Gefahr…

MARIAN …neue Vergessene zu erschaffen?

INSEL Neue Vergessene zu erschaffen, genau! Die Republik der Türkei wurde mit Geburtszangen zur Welt gebracht, bei der Erschaffung eines Neuen Menschen wurden die Leute bei lebendigem Leibe von ihrer Geschichte gehäutet. Dabei ist die Armenische Frage von besonderer Wichtigkeit. Sie ist nicht die einzige, aber sie ist besonders wichtig, denn sie erlaubt uns, grundsätzliche Überlegungen über das Verhältnis zwischen Staat und Bürgern anzustellen. Jenseits der historischen Wahrheit und Gerechtigkeit, die wir den Armeniern schulden, ist es auch notwendig, dass wir endlich aufhören, auf dem Diskurs über den inneren Feind zu beharren. Wir müssen nachweisen, dass es zu einer Instrumentalisierung dieses angeblich inneren Feindes kommt und dass diese Instrumentalisierung für das armenische Volk zu einer unerhörten Tragödie geführt hat. Heutzutage wird derselbe Diskurs über den inneren Feind auf die Kurden angewendet. Diese Auseinandersetzung mit dem armenischen Problem erfüllt also eine Funktion auf dem Weg der Demokratisierung und der Normalisierung der türkischen Gesellschaft…

MARIAN Auf armenischer Seite kam es zu einem allmählichen und mancherorts nur partiell vollzogenen Bewusstseinswandel: moralische Reparation, erkannte man, sei nicht mit territorialer Reparation gleichzusetzen – selbst wenn einige Randgruppen fortfahren, diese zu fordern. Folglich muss man sich fragen, was der Inhalt solcher moralischen Reparation jenseits der ausdrücklichen Verwendung des Wortes Genozid sein soll. Wie soll man eine „Rückkehr der Armenier" anders ermöglichen als durch die Ansiedlung armenischer Familien? Der Gedanke, dass die türkische Regierung in einer symbolischen Geste Armenien den halben Ararat oder das Gelände von Ani, der historischen Hauptstadt, abtreten könnte, oder viel prosaischer noch, armenischen Schiffen erlauben würde, im Hafen von Trabzon vor Anker zu gehen, ohne dass sie dafür Gebühren entrichten müssten, hat doch Armenien keinen Zugang zum Meer, erscheint verfrüht, das muss vorerst ein Traum bleiben. Darauf zu verzichten, den Türken die Oberhoheit streitig zu machen, aber dafür eine tragfähige Beziehung zu diesen Landstrichen herzustellen, welche die Armenier seit Jahrtausenden bewohnt und bebaut haben – das ist eine Hoffnung.

Wenn man eine Anerkennung wünscht, die aufrichtig aus den Reihen der Gesellschaft kommt und sich nicht bloß auf ein Lippenbekenntnis beschränkt, kann man sich eine Art immer weiter fortschreitende territoriale Verankerung vorstellen. Entgegenkommende Gesten der Bewohner von Van gegenüber Armeniern, die ursprünglich aus Van stammen, solche der Leute aus Muş gegenüber Armeniern, die ursprünglich aus Muş stammen – aber all dies wird an einigen Stellen, man kann es bereits ahnen, auf Widerstand stoßen. Besonders in meinem Herkunftsort, in Erzurum, wo schwerwiegende Rechtsstreitigkeiten zu lösen sind.

Serge Avedikians Film *Wir haben vom selben Wasser getrunken* (2008) erzählt von dieser Tuchfühlung, die zwischen Armeniern der Diaspora und Türken aufgenommen wird. Der Filmemacher ist in das Dorf seiner Vorfahren zurückgekehrt, in den Osten der Türkei, nach Sölöz in der Nähe von Bursa, und hat mit den Dorfbewohnern Gespräche geführt. Einige von ihnen hatten die berühmten armenischen Steinkreuze wiederverwendet, indem sie aus ihnen einen praktischen Nutzen für ihr Alltagsleben zogen: sie bauten sie beispielsweise in Mauern ein. Kontroverse Reaktionen der Armenier bei der Filmvorführung! Zum einen Empörung angesichts dieser Profanierung oder, im Gegenteil, Erleichterung, dass diese Kreuze immer noch vorhanden sind, dass der Stein, wenn auch nicht die Erinnerung, so doch die Spur des Armeniertums bewahrt hat, und dass sie für jemanden etwas bedeuten! Meines Erachtens müsste es im Spannungsfeld solcher gemischten Gefühle möglich sein, Positives zu schaffen. Das wird zweifelsohne kein Ansuchen um die Staatsbürgerschaft sein, auch keine territorialen Forderungen, wohl aber eine Form der Anwesenheit, die zu erfinden der Zukunft obliegt.

Was mich betrifft, so habe ich noch Angst, nach Erzurum zu gehen. Aber der sehnsüchtige Wunsch, diese Gegend aufzusuchen, lebt unglaublich stark in mir. Mögen unsere beiden Völker, die sich in der Vergangenheit so nahe gestanden haben, um dann brutal und rücksichtslos voneinander getrennt zu werden, Formen einer gemeinsamen Sprache, ja sogar gemeinsame Aufgaben und ein gemeinsames Leben wiederfinden – denn dies ist eine Herausforderung, die, würden sie sich ihr stellen, weit mehr als die Beilegung allein dieses Zwistes bedeuten würde: dies wäre ein Beispiel islamisch-christlicher Versöhnung.

INSEL Wir müssen dennoch, glaube ich, unsere Annäherung an das armenische Problem und das Problem des Beitritts zur Europäischen Union gesondert behandeln. Was den Beitritt betrifft, ist das Spiel für die Türkei noch lange nicht gewonnen und ich befürchte, dass man in den kommenden Jahren auf der einen wie auf der anderen Seite auf eine Bahn wechseln könnte, deren Richtung der heutigen gänzlich entgegengesetzt ist… Wenn es des europäischen Köders bedarf, um in der Türkei Erinnerungsarbeit zu leisten, bedeutet dies, dass an dem Tag, an dem die Europäische Union als Motor der Veränderung wegfallen wird, sich die Türkei mit ihren Dämonen wieder alleine befindet.

MARIAN Ich stimme mit dir nicht ganz überein. Ich begreife die Zerbrechlichkeit und Verletzlichkeit, die auf dem Spiel stehen, wenn man diese beiden Sachverhalte allzu eng miteinander verknüpfen will. Ich sage nicht: „Die Türken lancieren jetzt diese Entschuldigungserklärung, weil sie in Europa eintreten wollen, ihre Geste ist nicht Selbstzweck, sie verfolgen mit ihr ein anderes Interesse!" Ich finde, dass schlussendlich, wenn die Dinge einen guten Verlauf nehmen, die Armenier der Diaspora ihre heutige Rolle gegen die entgegengesetzte eintauschen könnten, das heißt, sie könnten zu hilfreichen Anwälten eines Beitritts der Türkei zu Europa werden. Überall sonst in Europa wird Nachbarschaft als ein positiver Wert gelebt und man festigt die eigene Position, indem man seinen Nachbarn in das europäische Konzert einzubeziehen sucht, wie dies zwischen Polen und der Ukraine oder, vielleicht bereits morgen, zwischen Rumänien und Moldawien geschieht. Dessen ist man sich zurzeit im Kreise der Führungskräfte der armenischen Republik bewusst; sie messen dem Prozess der Annäherung bis hin zur endgültigen Eingliederung der Türkei in Europa eine positive Bedeutung bei. Viel weniger ist dies in der Diaspora der Fall, die in der Aufnahme der Türkei das Risiko einer Abfindung mit der Leugnungsposition sieht. Und doch mögen selbst jene Armenier, die dies befürchten, es nicht allzu sehr, dass man zur Begründung der Ablehnung der Türkei das geographische Argument – die Türkei ist in „Kleinasien" – bemüht, denn es entfernt Armenien noch mehr von uns. Also steckt hinter der Lösung dieses Konflikts die Hoffnung, dass man das eine wie das andere Land in Richtung Europa bewegen könnte. In materieller Hinsicht zieht die Türkei bereits ihren Nutzen aus der Zollunion und aus den zahllosen Vorteilen, die ihr diese Verbindung zur Europäischen Union garantiert. Doch will die Türkei mehr: sie will Teil der EU werden.

INSEL Im gegenwärtigen Augenblick will sie es… und morgen? Wird sie es morgen noch immer wollen? frage ich mich manchmal…

MARIAN Für die Türkei stellt sich eine Identitätsfrage; sie muss, was ihre Identität betrifft, eine Wahl treffen. Diese Frage sollte nicht verschwinden, selbst wenn es eines Tages einen Rückzug geben könnte, die Versuchung, sich wieder zu einer Art Supermacht in der Region aufzuschwingen. Es gibt eine türkische Vergangenheit, die bewirkt, dass diese Notwendigkeit, sich zu den Werten Europas zu bekennen, eine treibende Kraft bleiben wird.

INSEL Ich hoff's, ich hoff's… dass Europa weiterhin als notwendig empfunden wird. Doch kann ich mich leider des Gefühls nicht erwehren, dass es gleichzeitig auch notwendig ist, über eine Alternative nachzudenken. Denn wenn das Abenteuer des Beitritts der Türkei zur Europäischen Union plötzlich aufhören sollte, was würde dann geschehen? Die Aussicht auf den Beitritt erleichtert sicherlich die zu leistende Erinnerungsarbeit. Wenn jedoch die Türkei die vorgezeichnete Bahn des

Beitrittsprozesses verlässt, werden wir in der Auseinandersetzung mit unseren Dämonen allein bleiben: diese demokratische Stabilisierung, die uns die EU zusichert, würde dann wegfallen. Es ist immerhin aufschlussreich, dass Leute wie ich, Linke, Demokraten, überzeugte Europäer, heute die Notwendigkeit empfinden, über die demokratische Zukunft der Türkei nachzudenken: mit der EU und…ohne die EU. Viel hängt von den zukünftigen Entwicklungen in Europa ab, das ist sicherlich richtig, aber auch vom Verlauf der Dinge im Kaukasus, im Nahen Osten… Unsere Beziehung zu Europa war immer schon turbulent gewesen; im Falle eines Verlassens des vorgezeichneten Beitrittsgleises, läuft sie Gefahr abscheulich zu werden. Weil man das Schlimmste in Erwägung ziehen muss, ist es für uns absolut unerlässlich, alle unsere Konflikte mit unseren Nachbarn beizulegen. Die Türkei muss sich Armenien öffnen, und zwar so schnell wie möglich, und dies ist eine Aufgabe, die nicht ganz einfach ist, denn wir sind Gefangene des armenisch-aserbaidschanischen Konflikts, in dem wir überhaupt nicht Akteure sind. Die Beziehungen zwischen der Türkei und Armenien müssen sich normalisieren. Und nicht, weil die Türkei die Karte des armen Armeniens gegenüber der reichen armenischen Diaspora ausspielen will…

MARIAN Die „reiche Diaspora"! Eines Tages bin ich in Istanbul in einen Bus gestiegen, in dem junge Schüler einer Polizeischule saßen, sie schienen eher pro-AKP zu sein, also bereit, mit einem Armenier zu diskutieren. Ich weiß übrigens nicht, wie sie es herausgefunden hatten, dass ich Armenier bin. Und sie haben begonnen, mich mit etwas spöttischen Bemerkungen aufzuziehen: „Ach ja, ihr, die Armenier der Diaspora: ihr seid reich, während Armenien in Armut versinkt!"

INSEL Die Grenzen sind gesperrt. Um mit dem Auto von Kars nach Jerewan zu gelangen, muss man über Georgien fahren; es gibt aber Direktflüge Istanbul-Jerewan. Man sollte sich nicht auf die Öffnung der Grenzen fixieren, denn das ist gleichzeitig auch eine Falle, aber man könnte beispielsweise damit fortfahren, den Austausch zwischen Armeniern und Türken zu fördern. Warum, zum Beispiel, soll es nicht Städtepartnerschaften zwischen Armenien und der Türkei geben? Die Tatsache, dass es keine diplomatischen Beziehungen zwischen den beiden Ländern gibt, untersagt die Aufnahme von Gemeindebeziehungen zwischen den beiden Lagern nicht und man könnte in diesem Zusammenhang beispielsweise an Studentenaustausch denken. Übrigens leben und arbeiten zwischen 40000 und 60000 Armenier aus Armenien in der Türkei, sie halten sich zumeist illegal im Land auf, doch die Behörden drücken beide Augen zu…

MARIAN Die türkischen Armenier nehmen ihre Dienste in Anspruch: sie pflegen Alte, sie kümmern sich um Kinder, die sie sprachlich rearmenisieren sollen…

INSEL Aufenthalt und Arbeit der Armenier aus Armenien in der Türkei müsste genehmigt und ausgebaut werden. Das würde den Türken erlauben, mit anderen Armeniern als denen der zusammengeschrumpften Gemeinde, die übriggeblieben ist, Verbindungen zu knüpfen und gleichzeitig würde es zu einer Dynamisierung der armenischen Anwesenheit führen. In dieser Weise hätten die Kirchen mehr Gläubige, die kulturellen Aktivitäten würden einen Aufschwung erleben.

MARIAN In den östlichen Regionen der Türkei ist gegenüber den Armeniern eine ambivalente Haltung zu verzeichnen. Einerseits hat man etwa in Igdir jene berüchtigten Stelen oder Monumente, die in Erinnerung an die von den Armeniern an den Türken begangenen Massakern errichtet wurden, andererseits äußern die Bürgermeister den Wunsch, dass die Grenzen wieder geöffnet werden mögen, um der Region zu einem ökonomischen Aufschwung zu verhelfen. Unter diesem Blickwinkel ist nun deine Idee der Städtepartnerschaften äußerst bedeutsam. Von meiner Diaspora-Warte aus gesehen, kann ich mir sehr wohl vorstellen, dass es beispielsweise zwischen Vanadzor in Armenien und Kars in der Türkei zu einer Städtepartnerschaft kommt, der sich Bagneux, das bereits so eine Beziehung zu Vanadzor unterhält, in einigen Jahren anschließen könnte. Die Art und Weise, wie die Karabach-Frage gelöst wird, wird in diesem Zusammenhang eine Rolle spielen. Für die Armenier ist es unerlässlich, dass in Bergkarabach, das hauptsächlich von Armeniern bevölkert ist, das Leben in gesicherten Bahnen verläuft und dass Aserbaidschan seine noch aus der Sowjetzeit stammende Politik der Reduzierung der armenischen Bevölkerung nicht weiter fortsetzen kann. Im Gegenzug müssten die Armenier den Aserbaidschanern, die im Süden des Karabach leben, beispielsweise erlauben, ihre Moscheen wieder aufzubauen. Das wiederum könnte einen positiven Einfluss auf die Haltung der Türken gegenüber den armenischen Kulturgütern in Ostanatolien haben.

Es ist sicher, dass die Armenier im Großen und Ganzen die „Gewinner" eines Vertrages wären, in dem die Restaurierung aller, ich sage bewusst: aller religiöser Bauwerke der Türkei-Armenien-Karabach-Aserbaidschan-Zone beschlossen werden würde! Das, was mir aufgefallen war, als ich im April 2007 nach Van fuhr, war die Tatsache, dass bereits auf dem Flughafen und dann überall, wohin ich ging, die Silhouette der armenischen Kirche von Aghtamar (10. Jahrhundert) – so charakteristisch auf ihrer Insel mitten im Wasser – als das touristische Markenzeichen der Region verbreitet wird, allein – ohne Kreuz.

INSEL Und das ist seit langem so. Als ich in den 70er Jahren Fremdenführer war, war dies bereits der Fall, aber das Gebäude war in einem weniger guten Zustand…

MARIAN Die Armenier sind nicht mehr da, aber ihre Bauwerke zeugen von dem hohen Alter einer gebietsgebundenen Prägung, die zu einer wertvollen Ressource werden kann, unter der Bedingung, dass man gewillt ist, die Bauten als das anzuerkennen, was sie sind. Überdies kann der Tourismus eine sehr wichtige Rolle im Demokratisierungsprozess der Türkei spielen, wie das beispielsweise in Spanien geschehen ist…

INSEL Der Tourismus kann tatsächlich ein wichtiges Medium der Demokratisierung werden, aber die Sache hat einen großen Haken! Wenn die Bewohner dieser Gegend armenische Touristengruppen anrücken sehen, sind sie überzeugt, dass diese gekommen sind, um ihre Güter, ihre Ländereien, ihre Häuser zu suchen. Daher die Frage, die ich dir stelle: wie kann man sie beruhigen, wie kann man ihnen zeigen, dass diese Armenier keine Expedition unternommen haben, um ihre Güter aufzuspüren, die sie dann zurückfordern werden?

MARIAN Die Armenier kommen nicht, um ihre Güter zurückzufordern, und doch kommen sie, um sie zu „suchen": sie versuchen herauszubekommen, wo das Familienhaus steht! Um dieses Engagement von den Armeniern zu erhalten, diesen Verzicht auf die Wiedererstattung von Privateigentum, wäre eine kollektive Kompensation vonnöten, welche die Finanzierung kultureller Projekte vorsieht, die Restaurierung von Kirchen, von Friedhöfen und von Denkmälern. Es käme zu einem Ausgleich und keiner auf der türkischen Seite würde sich bedroht fühlen.

INSEL Wenn Griechen kommen, um das Dorf, aus dem sie stammen, aufzusuchen, gibt es heute noch Türken, die sich erinnern: „Ah! Das sind Sie?! Sie waren doch unser Nachbar, der Sohn unseres Nachbars..." Dies aber ist nicht der Fall bei den Armeniern, es gibt keine direkten Zeugen mehr, sie sind alle tot, getötet, verschwunden...

MARIAN Natürlich, es gibt unzählige Fälle, vor allem im Westen, wo die Armenier von Bevölkerungsgruppen, die aus anderen Gegenden kamen, vollkommen ersetzt worden sind. Aber es gibt auch Fälle, wo es noch möglich sein müsste, an den zerrissenen Faden der Erinnerung anzuknüpfen. Der Zeuge spielt eine positive Rolle, er fügt die beiden Geschichten zusammen, er stellt eine konkrete Verbindung her.

INSEL Ja, der Zeuge ist von großer Wichtigkeit. Es muss Leute geben, die Träger der Mikrogeschichte sind. Nicht allein die große Erzählung ist notwendig, sondern auch das Erlebte, Erfahrene...

MARIAN Die türkische Regierung muss eine Art Entwaffnung des Propagandaapparats bewerkstelligen, um jedermanns Wort zu befreien.

INSEL Das ist unerlässlich, aber damit es dazu komme, ist im Vorfeld eine beachtliche gesellschaftliche Forderung danach notwendig.

MARIAN Könnte man denn nicht in Erwägung ziehen, dass man mangels der Zeugen die Forschung in den Archiven fördert, insonderheit in den Archiven des Komitees für Einheit und Fortschritt?

INSEL Ich fürchte, dass die Archive des Komitees für Einheit und Fortschritt von den Leuten des Komitees selbst zerstört worden sind. Aber es gibt die Archive des Generalstabs der Armee, jene, die sich mit dem Ausschuss für aufgegebenes Eigentum befassen und die Archive der Daschnak-Partei.

MARIAN Es ist offensichtlich: wir kehren immer wieder zum selben Punkt zurück. Man muss den Armeniern etwas anbieten, damit die Archive nicht bloß als Katasteramt wahrgenommen werden, das ihnen erlaubt, ihren Besitz zurückzugewinnen…

INSEL Ist dir bekannt, dass der Nationale Sicherheitsrat in der Türkei, der aus der Obersten Heeresleitung und einem Teil der Regierung besteht und dem die Verfassung etliche – in den letzten Jahren etwas zurückgestutzte – Vorrechte einräumt, 2005 das Gesetz erlassen hat, demzufolge es verboten ist, aus dem Osmanischen übersetzte türkische Kataster ins Internet zu stellen? Angeführter Grund: Beeinträchtigung des nationalen Interesses. Und der im Geheimdokument genannte Grund: „Diese Informationen könnten dazu verwendet werden, die Anschuldigung des sogenannten Genozids zu untermauern oder Wiedergutmachungsforderungen in Bezug auf Besitz von Gründungen aus der osmanischen Zeit zu legitimieren." Tatsächlich würden die Kataster erlauben, die Spuren der einstigen Eigentümer wiederzufinden, zum Beispiel der Armenier, die geflohen sind und deren Eigentum anderen gegeben worden ist oder dem Staatseigentum zugeschlagen wurde. Es ist also notwendig, diese Frage zu versachlichen. In Frankreich würde niemand auf den Gedanken kommen, dass man eines Tages kommen könnte, um die Leute aus dem eigenen Land zu vertreiben. Diese Angst aber ist es gerade, die an der Wurzel der türkischen Gesellschaft nagt: „Eines Tages wird man uns aus diesem Land vertreiben" und dies wiederum führt zu einer gewissen krampfhaften Weigerung, sich der eigenen Vergangenheit zu stellen.

Dies ist neben etlichen anderen in diese Richtung zielenden Hinweisen ein weiterer Beweis, dass die Armenische Frage unsere türkische Identität in ihren Grundfesten erschüttert. Früher verscharrte man sie in den entlegensten Winkeln unseres Kollektivbewusstseins, doch kam sie von Zeit zu Zeit in einem eruptiven Ausbruch an die Oberfläche, so dass wir selbst darüber erstaunten. Heutzutage bringt man sie manchmal laut und oft leidenschaftlich zum Ausdruck: die Erinnerungsarbeit beginnt langsam aber sicher zu wirken. In der Türkei rüttelt das armenische Problem an den verborgenen Grundpfeilern des Kollektivbewusstseins.

Was wir gelernt haben

Dies Buch zu verfassen und diesen Dialog zu führen war uns möglich geworden, weil uns ein ähnlicher Werdegang einander nähergebracht hat: eine Jugend, angetan von den Idealen der Revolution, ein reifes Erwachsenenalter, das sich im Kampf für die Werte der Demokratie engagiert, eine Teilhabe an der französischen Kultur, an ihrem universalistischen Anliegen und gemeinsame Freundschaften, die wir ebenfalls ihr verdanken.

All dies schuf einen günstigen Ausgangspunkt für unser Gespräch, in dem wir ehrlich und angespornt vom Wunsch, auf unserem Weg voranzuschreiten, unsere unterschiedlichen Haltungen erklären konnten.

Was also haben wir gelernt? Beide durften wir die Verwicklungen der Herkunft des jeweils anderen entdecken, in deren doppeltem Spiegel die leidvolle Geschichte dieses zwischen Europa und „Kleinasien" gelegenen Erdenwinkels klarer hervortritt. Beide haben wir überdies empfunden, dass in diesem Dialog, den ein Franzose und ein Türke führen – ein Franzose, dessen Ursprung zwischen Ostanatolien und südlichem Kaukasus zu suchen ist, und ein Türke aus Istanbul, dessen Familie vom Balkan stammt – ein Dritter fehlt: ein Türke aus dem Osten, der einen von Armeniern getöteten Vorfahren heraufbeschwört und dabei verschweigt oder schlicht nicht weiß, wie viel mehr Angehörige diese Armenier ohne Zweifel selbst zu beklagen hatten.

In der Einschätzung der zahlreichen und schmerzlichen Ereignisse, welche die Beziehungen unserer beiden Völker geprägt haben, waren wir uns zumeist einig. Dies bedeutet auch, dass eine von beiden Seiten akzeptierte Geschichtsinterpretation sehr wohl möglich ist. Aber natürlich gibt es da den Genozid: „der eine spricht es aus, der andere nicht." Wir sind uns dennoch einig über den verbrecherischen Riss, den die Ereignisse von 1915 in der langen Kette der Verfolgungen, der Aufstände und politisch motivierten Zusammenstöße bedeuten, wir sind uns einig über die erklärte Vernichtungsabsicht jener Gruppe, die damals den osmanischen Staat unter ihrer Fuchtel hatte, über die Notwendigkeit der Anerkennung dieser Verantwortlichkeit durch die Regierung der Republik Türkei und über den gefährlichen Charakter der Leugnung für den Demokratisierungsprozess. Das, was uns also trennt, ist weniger die Sache selbst, als vielmehr das Wort, die Verwendung einer Bezeichnung, die ihr – wie bereits der Schoah – gerecht wird. Darauf müssen wir noch zurückkommen.

Wir mussten auch erkennen, dass unsere spontanen Reaktionen gegenüber Ereignissen und vor allem gegenüber öffentlichen Äußerungen unterschiedlich ausfallen konnten: ein abschätziger Ausspruch eines türkischen Staatsmanns empört den Armenier, während die Rede der französischen Politiker beim Türken Entrüstung und manchmal Entmutigung hervorruft, scheinen sie doch die Eingangstür zur Europäischen Union für immer verschließen zu wollen. Aber die Tatsache, dass die Rangordnung dessen, was wir im Einzelnen vorziehen oder zurückweisen, nicht dieselbe ist, müsste uns im Gegenteil noch viel entschiedener dazu anspornen, unsere Bemühungen zu verdoppeln und unser gegenseitiges Verständnis zu vertiefen. Diese Tatsache müsste ein Anreiz mehr sein, auf unsere gemeinsamen Werte zurückzugreifen, damit wir einen Weg beschreiten können, der uns endlich zusammenführt.

Doch vermag unser Dialog in keinem Fall eine Auseinandersetzung zwischen den Staaten zu ersetzen. Er hat weder die nötige Tragweite, noch muss er die mit einem solchen Unterfangen einhergehenden Schwierigkeiten bewältigen. Sicherlich begünstigt das aktuelle politische Klima, in dem eine Öffnung zwischen Armenien und der Türkei zu verzeichnen ist, diesen Dialog und verleiht ihm – wie wir hoffen – ein zusätzliches Echo. Gleichzeitig aber können wir der Illusion nicht erliegen, dass diese diplomatischen Annäherungen bereits einen unumkehrbaren Fortschritt garantieren würden, ja mehr noch, dass sie für die Etablierung einer dauerhaften Einigung ausreichen könnten.

Dieses Fenster, das sich zwischen Ankara und Jerewan geöffnet hat, ist in der Tat kein vollkommenes Novum. Anfang der 90er Jahre kam es zu einer ersten Annäherung. Armenien hatte gerade seine Unabhängigkeit errungen. Sein neuer Präsident Levon Ter-Petrossian hatte verkündet, dass sein Land „weder ewige Freunde noch ewige Feinde" habe. Der damalige türkische Präsident Turgut Özal betonte seinerseits, dass die Exzesse der staatlichen Propaganda, die darin wetteiferten, den wahren Genozid den Armeniern in die Schuhe zu schieben, einen kontraproduktiven Charakter hätten. Aber zum Wandel, der sich hier andeutete, kam es dann doch nicht. Der Konflikt zwischen Armeniern und Aserbaidschanern, dessen Zankapfel Bergkarabach ist, eskalierte schnell zu einem echten Krieg. Dieser wurde an Ort und Stelle von den Armeniern gewonnen und die Türkei beschloss die Grenzen zu Armenien dicht zu machen, um damit die aserbaidschanischen Proteste zu unterstützen. Kurz darauf starb Özal und Ter-Petrossian wurden die politischen Befugnisse entzogen, weil er Verhandlungen über den Karabach hatte eröffnen wollen.

Der Silberstreifen der sich gegenwärtig am diplomatischen Horizont abzeichnet, verdankt sich anderen Umständen, doch ist er nicht weniger flüchtig. Der russisch-georgische Konflikt hat in Armenien das Bewusstsein der eigenen eingeschlossenen Lage noch verschärft. Die Türkei hat in der Normalisierung ihrer Beziehungen zu Armenien die Chance erkannt, ihren Einfluss im Kaukasus auszubauen. Parallel dazu sieht sie sich durch die Beitrittsverhandlungen mit der Europäischen Union genötigt, die eigene Haltung gegenüber dem Verbrechen von 1915 neu zu überdenken, selbst wenn die Anerkennung des Genozids kein explizites Kriterium ihrer Integration darstellt. Aber auch heute noch sind die Schritte, die zueinander führen, zögerlich: so der Besuch des Präsidenten Gül in Jerewan und die Ankündigung eines Fahrplans zwischen den zwei Staaten. Vieles hängt nämlich von der Kooperation anderer Akteure ab und vom guten Willen und der Legitimität dieser Regierungen, die tief verwurzelten Antagonismen zu überwinden.

Bis heute fehlte es diesen diplomatischen Annäherungsbekundungen an klaren Worten: sie waren verworren und unverständlich, als ob allein schon das Interesse an ihnen Beweis genug für ihre Angemessenheit sein könnte. Nun hat man aber hier Worte unbedingt nötig, denn es sind auch und vor allem Gefühle, Erinnerungen und Emotionen, die auf dem Spiel stehen. Um sie aber auszudrücken und vielleicht zu verändern, muss man die richtigen Worte finden. An diesem Punkt nun wird das Eingreifen der Zivilgesellschaften unerlässlich, wird das Engagement des Einzelnen zur Notwendigkeit. Erst damit verleiht man den diplomatischen Initiativen einen Sinn, erst dadurch macht man die Bande, die die einzelnen Gemeinschaften miteinander verknüpfen, so stark, dass sie halten werden, selbst wenn sie zwischen den Staaten reißen müssen.

Das also ist es, was wir uns hier gemeinsam vorgenommen hatten. Natürlich befinden wir uns im Kielwasser anderer Initiativen: in der Nachfolge der großen Persönlichkeit Hrant Dinks, dessen Stimme noch immer vernehmbar ist; in Nachbarschaft zu dem armenisch-türkischen Internetforum, das in Amerika ins Leben gerufen wurde; nach Abfassung der kollektiven Entschuldigungs- und Dankesschreiben. Wir haben gedacht, dass dann, wenn die Erinnerung befragt wird, persönliches Engagement im Dialog zur Entstehung von etwas Neuem beitragen kann, dass eingefahrene Stereotype sich auflösen und unter Türken und Armeniern also die Menschlichkeit wieder zum Vorschein kommt. Dies ist förderlich für die türkische Gesellschaft, in der die Aufhebung des Tabus antiarmenische Ressentiments erneut zum Leben geweckt hat. Und auch für die armenische Diaspora ist dies von Nutzen, befürchtet sie doch angesichts dieses Wandels oft, wieder den Kürzeren zu ziehen.

Denn nach diesem Dialog und vor gemeinsamen Gesprächen, die wir uns für die Zukunft wünschen, sind wir überzeugt, dass wir zusammen fortfahren müssen, uns für Gerechtigkeit und Frieden einzusetzen. Natürlich nicht allein und nicht nur unter Armeniern und Türken, sondern gemeinsam mit all jenen, die von außen kommen und denken, dass nicht allein Armenier und Türken von der Aufgabe der Erinnerung und Versöhnung betroffen sind. In solcher Weise hat zum Beispiel Ariane Bonzon gedacht, als sie uns diese gemeinsame Arbeit vorschlug. Und wir wollen den Dialog auch nicht ewig führen, denn würden wir uns in ihm wie in einem Fallstrick verfangen, müsste dies zu gefährlichen Enttäuschungen führen. Der Dialog entwirrt Knoten, weckt Träume, welche der Zivilgesellschaft wie auch den Politikern als Rohmaterial dienen müssen, um die richtigen Taten und Worte zu finden.

Michel Marian und Ahmet Insel
Paris-Istanbul,
Juni 2009

Ergänzungen zur Chronologie der angeführten Ereignisse

1839-1876: Reformära *Tanzimat*. Das Osmanische Reich erkennt das erste Mal in seiner Geschichte die zivilrechtliche Gleichheit seiner christlichen und muslimischen Untertanen an.

1878: Russisch-Türkischer Krieg und Vertrag von Berlin: die Grenzen zwischen Russland und der Türkei werden neu gezogen. Schaffung Bulgariens.

1896: Infolge unzähliger Massaker an den Armeniern besetzen armenische Revolutionäre die Osmanische Bank und fordern eine internationale Untersuchung der armenischen Frage.

1908: Revolution der Jungtürken des Komitees für Einheit und Fortschritt und Wiedererrichtung der konstitutionellen Monarchie mit der Devise: „Freiheit, Gleichheit, Brüderlichkeit und Gerechtigkeit".

1912: Erster Balkankrieg zwischen dem Osmanischen Reich und Serbien, Bulgarien, Montenegro und Griechenland.

1913: Zweiter Balkankrieg nach dessen Beendigung das Osmanische Reich Ostthrakien zurückgewinnt.

1914: Russland erklärt am 2. November dem Osmanischen Reich den Krieg.

1915 (Januar): Durch die russischen Truppen verursachte Niederlage Enver Paschas.

1915 (März-Mai): Die osmanischen Autoritäten verfügen die Demobilisierung und Entwaffnung der Armenier. Die armenischen Zivilisten sind ab März (Zeitun und Dörtyol), und landesweit ab Ende April und zumeist erst ab Mai entwaffnet worden, die wehrpflichtigen Armenier hingegen viel früher. Der genaue Zeitpunkt ist bislang umstritten. Enver Pascha teilte am 2. Oktober 1914 einem Gewährsmann von Jäckh (sehr wahrscheinlich dem deutschen Marineattaché Hans Humann) mit: „Nach den letzten Aushebungen hat die Türkei nunmehr etwa 300000 Mann unter den Fahnen, ausschließlich [*gemeint ist: davon ausgeschlossen*] die Arbeiter-Bataillone. In diese habe er alle unsicheren Kantonisten, Griechen, Armenier pp. gesteckt."

1915 (März): Fehlgeschlagene Offensive der alliierten Flottenverbände an der Dardanellen-Meerenge, der im April die britisch-französische Landung auf der Halbinsel Gallipoli folgen wird. Scheitern des Unternehmens und schwere Verluste auf Seiten der Alliierten. Sieg der türkischen Armee, in der auch ein junger Offizier namens Mustafa Kemal mitkämpft.

1915 (24. April): Verhaftung und Deportation mehrerer hundert armenischer Intellektueller aus Istanbul. Der Großteil wird getötet. Ab Mai gibt die osmanische Führung den Befehl zur Deportation der Armenier.

1918: Angriff britischer Streitkräfte im September zunächst gegen die in Palästina, dann gegen die in Syrien stationierten türkischen Truppen. Die 7. osmanische Armee, dessen Kommandant Mustafa Kemal ist, zieht sich bis zu den aktuellen Grenzen der Türkei zurück. Waffenstillstand von Mudros. Niederlage und Zerfall des Osmanischen Reiches.

1919: Besetzung Izmirs durch die Griechen; Ausweitung der Okkupation bis 1921; 1920-1922: der von Mustafa Kemal angeführte Befreiungskrieg.

1920: Die unabhängige Republik Armenien, gegründet 1918, wird zur Sowjetrepublik Armenien.

1921: Ermordung Talat Paschas in Berlin durch den Armenier Soghomon Tehlirian.

1922: Tod Enver Paschas in Tadschikistan im Kampf gegen die Rote Armee. Kemalistischer Sieg über Griechenland.

1923: Friedensvertrag zwischen der Türkei und den Alliierten. Vertrag von Lausanne, in dem die aktuellen Grenzen der Türkei anerkannt werden mit Ausnahme von Alexandrette. Er ersetzt den 1920 geschlossenen Vertrag von Sèvres, der niemals ratifiziert wurde. Ausrufung der Türkischen Republik.

1930: Istanbul wird zur offiziellen Namensform erklärt. Während des Osmanischen Reiches fuhr man fort, den Namen Konstantinopel (Konstantiniye) parallel zu Istanbul (Istanpolis) zu verwenden. In allen offiziellen Dokumenten (Französisch war die offizielle Sprache in der Diplomatie) wurde sie Constantinople genannt.

1940: Allgemeine Mobilmachung in der Türkei.

1941: Hitler überfällt die UdSSR.

1945: Nürnberger Prozesse.

1948: Konvention der Vereinten Nationen über die Verhütung und Bestrafung des Völkermordes.

1955: In Istanbul, in geringerem Ausmaß in Izmir, stattfindende Massenunruhen und hauptsächlich gegen Griechen gerichtete Pogrome, denen aber auch Juden und Armenier zum Opfer fallen, und die vom türkischen Geheimdienst angezettelt werden, um im Zypernkonflikt auf Griechenland Druck auszuüben.

1960: Erster Staatsstreich des Militärs, Verurteilung und Hinrichtung des Premierministers und weiterer zwei Minister ein Jahr danach.

1968: Konvention der Vereinten Nationen über die Unverjährbarkeit des Völkermords.

1974: Die UN-Menschenrechtskommission hebt den § 30 in einer Resolution über den Genozid auf, der den armenischen Fall erwähnt.

1975: Erscheinen und erstes Attentat der ASALA.

1994: Genozid in Ruanda.

1995: Massaker in Srebrenica.

1999: Die EU erkennt die «prinzipielle Europatauglichkeit» der Türkei an.

2005: Beginn der Beitrittsverhandlungen der Türkei mit der EU.

2007 (Januar): Ermordung des armenischen Journalisten Hrant Dink in Istanbul.

2008: Inoffizielle Begegnung zwischen dem Präsidenten der Republik Türkei und dem Präsidenten der Republik Armenien in Jerewan anlässlich eines Fußballspiels Armenien-Türkei.

2008 (Dezember): Entschuldigungserklärung türkischer Staatsbürger, in der sie die Armenier wegen der Großen Katastrophe um Vergebung bitten.

2009 (Januar): An die türkischen Staatsbürger gerichteter Dankesbrief der französischen und kanadischen Armenier.

2009 (April): Staatsbesuch Barack Obamas in der Türkei: er ruft zur Erinnerungsarbeit auf. Seine Erklärung vom 24. April stuft die Große Katastrophe (*Metz Yeghern*) unter „die großen Gräuel des Jahrhunderts" ein.

Bibliographische Hinweise

(In der Reihenfolge der angeführten Werke und Autoren)

Hrant Dink, *Deux peuples proches, deux voisins lointains [Zwei Völker, die sich nahestehen, zwei Nachbaren, die sich voneinander entfernt haben]*, Actes Sud, 2009.

Hrant Dink, *Être Arménien en Turquie [Armenier sein in der Türkei]*, Fradet, 2007.

Ömer Seyfettin, *Beyaz Lale [Die weiße Tulpe, zwischen 1910-1920 geschriebene Novellen]*, Bilgi yayinevi, 1976.

Manuel Kirkyacharian, *«MK», récit d'un déporté arménien – 1915, texte établi par Baskin Oran, traduit du turc par Elif Saner et revu par François Skvor [«MK», Bericht eines armenischen Deportierten – 1915, zusammengestellt von Baskin Oran, aus dem Türkischen übertragen von Elif Saner und durchgesehen von François Skvor]*, Turquoise, 2008.

Dogan Avcioglu, *Türkiye'nin Düzeni [Die Ordnung der Türkei]*, Bilgi yayınlari, 1970.

Yeghische Tscharentz, «The Nayrian Dauphin», in Marc Nichanian (Hg.), *Writers of Disaster*, Gomidas Institute, 2002, vol.I.

Vahan Totovents, *Une enfance arménienne [Eine armenische Kindheit]*, Julliard, 1958.

Zabel Essayan, L*es Jardins de Silidhar [Die Gärten von Silidhar]*, Alban Michel, 2000.

Michel J. Arlen, *Passage to Ararat*, Farrar, Straus & Giroux, 1975.

William Saroyan, *Inhale and Exhale*, Random House, 1936.

Ahmet Insel, «Dépasser le nationalisme» [Den Nationalismus überwinden], in *Critique socialiste*, Nr. 44, 1982.

Michel Marian, «Le Terrorisme arménien après l'âge d'or» [Der armenische Terrorismus nach dem Goldenen Zeitalter], in *Esprit*, Okt.-Nov., 1984.

Paul Mantoux, *Les Délibérations du Conseil des Quatre 24 mars-28 juin 1919 [Der Rat der Vier und seine Beschlüsse 24. März-28.Juni 1919]*, CNRS éditions, 1955.

Dogan Avcioglu, *Milli Kurtulu Tarihi [Geschichte der nationalen Befreiung]*, Bilgi yayınları, 1974.

Taner Akçam, *Un acte honteux, le génocide arménien et la question de la responsabilité turque*, Denoël, 2008.

[*A Shameful Act: The Armenian Genocide and the Question of Turkish Responsibility*, Metropolitan Books, 2006].

Arnold Joseph Toynbee, T*he Treatment of Armenians in the Ottoman Empire, 1915–1916: Documents Presented to Viscount Grey of Fallodon, Secretary of State for Foreign Affairs by Viscount Bryce, compiled by Arnold J. Toynbee [Das Blaue Buch der britischen Regierung über die Behandlung der Armenier im Osmanischen Reich]*, British Governmental Document Miscellaneous no. 31, 1916.

Johannes Lepsius, Der Todesgang des armenischen Volkes: Bericht über das Schicksal des armenischen Volkes in der Türkei während des Weltkrieges, Potsdam, 1919.

Henry Morgenthau, Mémoires [Erinnerungen], Flammarion, 1984.

Leslie A. Davis, The Slaughterhouse Province. An American Diplomat's Report on the Armenian Genocide, 1915-1917, ed. by Susan X. Bleair, N.Y., 1989.

Kâmuran Gürün, Le Dossier arménien [Die armenische Akte], Société turque d'histoire, Triangle, 1983.

Bernard Lewis, Emergence of Modern Turkey**,** Oxford University Press, 1961.

Jean Jaurès, Il faut sauver les Arméniens (1899) [Die Armenier müssen gerettet werden], Mille et Une Nuits, 2006.

Murat Belge, Halil Berktay, Elif Chafak, Hrant Dink, Muge Gocek, Ahmet Insel, Etyen Mahcupyan, Baskin Oran und Ragip Zarakolu, «Le travail sur l'histoire sera bloqué en Turquie» [Die Auseinandersetzung mit der Geschichte in der Türkei wird abgeblockt], Libération, 10. Mai 2006.

Étienne Copeaux, Espaces et temps de la nation turque, analyse d'une historiographie nationaliste, 1931-1993 [Raum und Zeit der türkischen Nation, Analyse einer nationalistischen Geschichtsschreibung, 1931-1993], *CNRS éditions*, 1997.

Cengiz Aktar, «Au-delà du génocide arménien la Grande Catastrophe» [Jenseits des armenischen Genozids die Große Katastrophe], Libération, 23. April 2009.

Yves Ternon, Les Arméniens, histoire d'un génocide [Die Armenier : Geschichte eines Völkermords], Seuil, 1997.

Yves Ternon, «Comparer les génocides» [Die Völkermorde vergleichen], in Revue d'histoire de la Shoah, Nr. 177-178, Januar-August, 2003.

Ziya Gökalp, Türkçülügün Esaslari [Grundlagen des Türkismus], Toker yayinlari, 1999.

Fuat Dundar, L'Ingénierie ethnique du Comité Union et Progrès et la turcisation de l'Anatolie (1913-1918) [Das ethnische Engeneering des Komitees für Einheit und Fortschritt und die Türkisierung Anatoliens], Dissertation, EHESS, 2007.

Ahmet Kuyas (I lg.), Tarih 1839-1939 , Tusiad, 2006.
Raymond Kévorkian, Le Génocide des Arméniens [Der Genozid an den Armeniern], Odile Jacob, 2006.

Verjine Svazlian, Der Armenische Genozid. Zeugnisberichte Überlebender (auf Armenisch), Jerewan, EC UBA, Gitutiun, 2000.

Fethiye Çetin, Le Livre de ma grand-mère [Das Buch meiner Großmutter], Éditions de l'Aube, 2006.

Weitere wichtige Literatur

The Armenian Genocide, vol. 2: Documentation, München 1988

Ohandjanian Artem: Armenien. Der verschwiegene Völkermord, Wien-Köln Graz 1989

Akcam Taner : Armenien und der Völkermord. Die Istanbuler Prozesse und die türkische Nationalbewegung, Hamburg 1996

Hovannisian Richard G. : Armenian people from ancient to modern times, vol. 2 : Foreign dominion to statehood : the fifteenth century to the twentieth century, New York 1997

Ye'or Bat : Der Niedergang des orientalischen Christentums unter dem Islam (7.-20. Jahrhundert, Gräfelding 2002

Ohandjanian Artem : 1915 Irrefutable evidence. The Austrian Documents on the Armenian Genocide, Yerevan 2004

De Courtois Sébastien de : The Forgotten Genocide. Eastern Christians, The Last Arameans, Piscataway 2004

Gust Wolfgang (Hrsg.): Der Völkermord an den Armeniern 1915/16. Dokumente aus dem Politischen Archiv des deutschen Auswärtigen Amtes, Springe 2005

Baum Wilhelm : die Türkei und ihre christlichen Minderheiten. Geschichte – Völkermord – Gegenwart, Klagenfurt 2005

Hosfeld Rolf : Operation Nemesis. Die Türkei, Deutschland und der Völkermord an den Armeniern, Köln 2005

Grulich Rudolf : Christen unterm Halbmond. Vom Osmanischen Reich bis in die moderne Türkei, Augsburg 2008

Anhang 1.

Türkische Entschuldigungserklärung an die Armenier

Ich kann es mit meinem Gewissen nicht vereinbaren, dass die Katastrophe, welche die Armenier des Osmanischen Reiches 1915 ereilte, verleugnet und ihr teilnahmslos begegnet wird. Ich lehne dieses Unrecht ab und teile die Gefühle und den Schmerz meiner armenischen Brüder und Schwestern und bitte sie um Verzeihung.

Die ersten 230 Unterzeichner:

Fikret Adanır, Adalet Ağaoğlu, Meltem Ahıska, Asaf Savaş Akat, Ali Akay, Ezel Akay, Hale Akay, Faik Akçay, Belma Akçura, Samim Akgönül, Lale Akgün, Erdağ Aksel, Murat Aksoy, Ayhan Aktar, Cengiz Aktar, Derya Alabora, Yusuf Alataş, Ayşegül Aldinç, Cengiz Alğan, Emine Algan, İlhami Algör, Filiz Ali, Necmiye Alpay, Şahin Alpay, Ayşe Gül Altınay, Dersu Yavuz Altun, Victor Ananias, Feridun Andaç, Süreyya A Antmen, Coşkun Aral, Fahri Aral, Mehmet Arda, Mustafa Arslantunalı, Kutluğ Ataman, Bülent Atamer, Güllü Aybar, Bülent Aydın, Oya Aydın, Suavi Aydın, Elif Özge Aydınalp, Enver Aysever, Aydan Baktır, Ferda Balancar, Arzu Başaran, Fikret Başkaya, Celal Başlangıç, Ayşe Batumlu, Enis Batur, Figen Batur, Oya Baydar, Ali Bayramoğlu, Habib Bektaş, Murat Belge, Yiğit

Bener, Şeyla Benhabib, Gila Benmayor, Süreyya Berfe, Ayşe Berktay, Fatmagül Berktay, Halil Berktay, İbrahim Betil, Emrullah Beytar, Faruk Bildirici, Ayhan Bilgen, Faruk Bilici, Yavuz Bingöl, Akın Birdal, Atilla Birkiye, Kemal Birlik, Dogan Bor, Aksu Bora, Tanıl Bora, Ahmet Boratav, Hale Bolak Boratav, Ayşe Buğra, Fehim Caculi, İpek Çalışlar, Koray Çalışkan, Oral Çalışlar, Celalettin Can, Reşit Canbeyli, Cengiz Çandar, Tuba Çandar, Ali Arif Cangı, Kadir Cangızbay, Ahmet Çakmak, Zeynep Çelik, Murat Çelikkan, Hasan Cemal, Orhan Kemal Cengiz, Fethiye Çetin, Ahmet Çiğdem, Aydın Cıngı, Ergin Cinmen, Viki Çiprut, Ümit Cizre, Yasemin Çongar, Bilge Contepe, Bekir Coşkun, Komet Gürkan Coşkun, İhsan Dağı, Okan Dağlı, Özlem Dalkıran, Mehmet Demir, Selçuk Demirel, Selahattin Demirtaş, Selim Deringil, Şeyhmus Diken, Gönül Dinçer, Zeynep Direk, Evin Doğu, Haldun Dostoğlu, Ragıp Duran, Neşe Düzel, Koray Düzgören, Tarık Ziya Ekinci, Yiğit Ekmekçi, Adnan Ekşigil, Şerafettin Elçi, Tahir Elçi, Edhem Eldem, Alev Er, Atila Eralp, Şükrü Erbaş, Muharrem Erbey, Fazıl Hüsnü Erdem, Mustafa Suphi Erden, Tarhan Erdem, Aslı Erdoğan, Ramize Erer, Doğu Ergil, Halil Ergün, Yalçın Ergündoğan, Ebru Erkekli, Ayşe Erkmen, Bülent Erkmen, Büşra Ersanlı, Cezmi Ersöz, Özlem Ertan, İlban Ertem, Yücel Erten, Gürhan Ertür, Ayşe Erzan, Ergün Eşsizoğlu, Ahmet Evin, İnci Eviner, Şebnem K.Fincancı, Ümit Fırat, Zeynep Gambetti, Ömer Faruk Gergerlioğlu, Hıdır Geviş, Fatma Müge Göçek, Aziz Gökdemir, Murat Gökhan, Özgür Gökmen, Yasemin Göksu, Kemal Göktaş, Gülay Göktürk, Nilüfer Göle, Erkan Gologlu, Süleyman Göncü, Melek Göregenli, Alper Görmüş, Ayşe Gözen, Mehmet Güleryüz, Korhan Gümüş, Berat Günçıkan, Ümit Güney, Mahir Günşiray, Nedim Gürsel, Kemal Gökhan Gürses, Ayla Gürsoy, Gencay Gürsoy, Dilek Güven, Ziya Halis, Kezban Hatemi, Hüseyin Hatemi, İnci Hekimoğlu, Fikret İlkiz, Ahmet İnsel, Leyla İpekçi, Şebnem İşigüzel, Temel İskit, Ahmet İsvan, İbrahim Kaboğlu, Ayşe Kadıoğlu, Zeynep Kadirbeyoglu, Semih Kaplanoğlu, Şenol Karakaş, Gülsün Karamustafa, Ümit Kardaş, Resat Kasaba, Işıl Kasapoğlu, Erol Katırcıoğlu, Gülten Kaya, Hayrettin Kaya, Sema Kaygusuz, Ali Kazancıgil, Ferhat Kentel, Filiz Kerestecioğlu, Eren Keskin, Ferda Keskin, Çağlar Keyder, Mücteba Kılıç, Sema Kılıçer, Mine G. Kırıkkanat, Ümit Kıvanç, Yeliz Kızılarslan, Muhsin Kızılkaya, Uygur Kocabaşoğlu, Cemil Koçak, Orhan Koçak, Filiz Koçali, Osman Köker, Jülide Kural, Dilek Kurban, Ertuğrul Kürkçü, Akif Kurtuluş, Vasıf Kortun, Alaz Kuseyri, Naci Kutlay, Ahmet Kuyaş, Rasim Ozan Kütahyalı, Ömer Laçiner, Kuvvet Lordoğlu, Beral Madra, Ömer Madra, Piyale Madra, Yahya Madra, Perihan Mağden, Cem Mansur, Lale Mansur, Roni Margulies, Asu Maro, Çiğdem Mater, Nadire Mater, Bejan Matur, Orhan Miro?lu, Murat Morova, Esra Mungan, Murathan Mungan, Nil Mutluer, Ali Nesin, Leyla Neyzi, Yıldıray Oğur, Ayşe Önal, Gülseren Onanç, Hüsamettin Onanç, Hüsnü Öndül, Yavuz Önen, Yıldız Önen, Baskın Oran, Sibel Özbudun, Cem Özdemir, Müfit Özdeş, Günay Göksu Özdoğan, Zozan Özgökçe, Oktay Özel, Soli Özel, Doğan Özgüden, H Gökhan Özgün, Fatih Özgüven, Umut Özkırımlı, Erol Özkoray, Murat Paker, Barış Pirhasan, Semih Poroy, Yıldız Ramazanoğlu, Mesut Saganda, Ümit Şahin, Sırrı Sakık, Ersin Salman, Feray Salman, Suzan Samancı, Mithat Sancar, Serpil Sancar, Gülçin Santırcıoğlu, Sezai Sarıoğlu, Nail Satlıgan, Gülnur Acar Savran, Sungur Savran, Yücel Sayman, Derya Sazak, İrvin Cemil Schick, Pınar Selek, Erkan Şen, Burhan Şenatalar, F. Levent Şensever, Şehbal Şenyurt, Orhan Silier, Cüneyt Solakoğlu, Bülent Somay, Semra Somersan, Şebnem Sönmez, Hale Soygazi, Mehmet Soylu, Ahmet Soysal, Nevin Sungur, Hakan Tahmaz, Betül Tanbay, Zeynep Tanbay, Görgün Taner, Nimet Tanrıkulu, Sezgin Tanrıkulu Yaman Tarcan, Turgut Tarhanlı, Do?an Tarkan, Ömer Taşpınar, Lale Tayla, Mebuse Tekay, Şirin Tekeli, Ece Temelkuran, Sezai Temelli, Mahmut Temizyürek, Hale Tenger, Nuran Terzioğlu, Nilgün Toker, Fikret Toksöz, Canan Tolon, Mutlu Tönbekici, Hidayet Şefkatli Tuksal, Fatma Tülin, Ferhat Tunç, Deniz Türkali, Öztürk Türkdoğan, Yıldırım Türker, Atilla Tuygan, Osman Murat Ülke, Hadi Uluengin, Mehmet Uluğ, Ünal Ünsal, Mehmet Ural, Ufuk Uras, Emine Uşaklıgil, Füsun Üstel, Ufuk Yaltıraklı, Mustafa Yasacan, Mehmet Yaşın, Erdal Yavuz, Atilla Yayla, Feridun Yazar, Cem Yegül, Zafer Yenal, Nurhan Yentürk, Tahsin Yeşildere, Vedat Yıldırım, Bengi Yıldız, Yaman Yıldız, Levent Yılmaz, Serra Yılmaz, Şanar Yurdatapan, Ali Yurttagül, Amberin Zaman, Leyla Zana, Ragıp Zarakolu, Gün Zileli.

Anhang 2.

Libération, 23. Januar 2009

Dank an die türkischen Bürger

verfasst von 60 Persönlichkeiten armenischer Abstammung

Im Dezember nahm in der Türkei eine öffentliche Kampagne ihren Anfang, in der an das armenische Volk, das Opfer der «Großen Katastrophe» von 1915, eine Entschuldigungserklärung gerichtet wurde, die 2009 fortgeführt werden soll. Diese Initiative betrifft in erster Linie den Bewusstseinswandel innerhalb der türkischen Gemeinschaft weltweit, doch wird sie zugleich von einer Erklärung getragen, die das erste Mal an die Armenier selbst gerichtet ist. Sie wird von allen Seiten und nicht zuletzt in der Türkei selbst abgelehnt und angegriffen. Die Initiatoren gehen dabei ein großes Risiko ein. Einige Personen armenischer Abstammung haben nun beschlossen, im eigenen Namen und vor der Öffentlichkeit auf diese Geste zu reagieren. Hierzu wählten sie den zweiten Jahrestag von Hrant Dinks Tod, jenes armenischen Journalisten aus der Türkei, der am 19. Januar 2007 in Istanbul ermordet wurde.

„Hiermit sprechen wir unseren Dank an die Bürger der Türkei aus, die unlängst eine von jedem Beteiligten persönlich getragene Entschuldigungserklärung an die Armenier von heute initiiert haben (sie kann im Internet unter der

Adresse www.ozurdiliyoruz.com abgerufen werden). Sie haben nach bestem Wissen und Gewissen beschlossen, die Leugnung, zu der sie nun seit bald vierundneunzig Jahren gezwungen sind, nicht mehr zu dulden und diesen Entschluss öffentlich bekanntzugeben. Durch diese noch nie dagewesene Willensbekundung erkennen sie an, dass ein Abstreiten des Völkermordes von 1915 und seiner Opfer die Leugnung der moralischen Verletzungen der Überlebenden und ihrer Nachkommen nach sich zieht.

Da ich mir der Gefahr bewusst bin, die sie in Kauf nehmen, entscheide ich mich meinerseits nicht mit Gleichgültigkeit, Kritik oder einer abwartenden Haltung zu reagieren. Als Weltbürger und Kind armenischer Überlebender drücke ich hiermit meine Anerkennung gegenüber dem Mut der Unterzeichner aus. Leugnung und Lüge bereiteten den Boden für den Extremismus und tun dies immer noch, indem sie Hass und Leiden hervorbringen. Jede Form der Gewalt soll hinfort der Vergangenheit angehören.

Die Stunde der Wahrheit, die beschwichtigt, kann heute schon schlagen und mit ihr hebt die Zeit der Begegnung und des gemeinsamen Weges an. Ihn hat Hrant Dink eröffnet. Ich glaube an die feste Entschlossenheit von Männern und Frauen hier wie dort, die im zwischenmenschlichen Kontakt diesen Prozess weitertreiben werden. Jedes einzelne Mitglied der türkischen Zivilgesellschaft hat das Recht, ohne Einschränkung zu erfahren, was damals vorgefallen ist. Auf der ganzen Erde und auch in der Türkei sind die Informationen und Bücher zugänglich, Zeugnisse und Spuren sind immer noch vorhanden und das gefesselte Wort befreit sich trotz der vom Staat verordneten Leugnung und gegen sie.

In diesem Zusammenhang begrüße ich diese Initiative als ein authentisches Zeichen der Hoffnung und des geschichtlichen Fortschritts und will sie persönlich unterstützen.

Eine Website für die neuen Unterschriften wurde eingerichtet:
http://repondre.wordpress.com

Die ersten 21 Unterzeichner:

Simon Abkarian, Schauspieler, Regisseur (Paris), Serge Avedikian, Schauspieler und Regisseur (Paris), Alain Alexanian, Chefkoch und Fachberater (Lyon), Simon Azilazian, Geschäftsleiter (Marseille), Denis Donikian, Schriftsteller (Paris), Atom Egoyan, Filmemacher (Toronto), Aram Gazarian, Chirurg (Lyon), Claire Giudicenti, Verlegerin, Literaturagentin (Paris), Robert Guediguian, Filmemacher (Paris), Jean-Claude Kebabdjian, Verleger, Vereinsvorsitzender (Paris), Jacques Kebadian, Filmemacher (Paris), Robert Kechichian, Filmemacher (Paris), Jean Kehayan, Journalist und Essayist (Marseille), Arsine Khandjian, Schauspielerin (Toronto), Nourhan-Francis Kurkdjian, Parfümhersteller

(Paris), Gérard Loussine-Khidichian, Schauspieler (Paris), Michel Marian, Philosophieprofessor (Paris), Naïri Nahapetian, Journalist, Romanautorin (Paris), Didier Parakian, Geschäftsleiter (Marseille), Hélène Piralian, Psychoanalytikerin und Autorin (Paris), Gérard Torikian, Komponist und Schauspieler (Paris)

und

Michel Abrahamian, Geschäftsleiter (Avignon), Achot Achot, Künstler (Paris), Véronique Agoudjian, Apothekerin (Paris), Olivia Alloyan, Bibliothekarin (Lyon), Krikor Amirzayan, Journalist und Karikaturenzeichner (Valence), Gorune Aprikian, Produzent (Paris), Eugénie Arève, Schauspielerin und et Kunstimpressario (Paris), Edmond Aslanian, Lehrer (Albertville), Hovnatan Avedikian, Schauspieler (Paris) Hourig Attarian, Akademiker (Montréal), Vicken Attarian, Geschäftsmann (Montréal), Martine Batanian, Schriftstellerin (Ottawa), Daniel Besikian, Fotograf (Paris), Mireille Besnilian, Übersetzerin (Paris), Chloé Chapalain, Dekorateurin (Paris), Michel Chirinian, Rathausangestellter (Avignon), Anahit Dasseux Ter Mesropian, Psychoanalytikerin (Paris), Anaïd Donabédian, Universitätsprofessorin (Paris), Hervé Georgelin, Akademiker (Montpellier), Isabelle Guiard, Schauspielerin und Musikerin (Paris), Christophe Hovikian, Erzieher und Musiker (Paris), Annie Kebadian, Programmplanerin für das Theater (Paris), Elisabeth Kiledjian, Produzentin (Paris), Isabelle Kortian (Paris), Anahid Krimian, Logopädin (Paris), Marie-Anne Le

Métayer-Djivelekian, Produzentin (Paris), Gérard Malkassian, Philosophieprofessor (Paris), Hélène Melkonian, Gesangskünstlerin (Perpignan), Levon Minasian, Drehbuchautor und Regisseur (Paris), Alain Navarra, Kunsthistoriker (Cannes), Isabelle Ouzounian, Schnittmeisterin (Paris), Christine Papazian, Vorstandsassistentin (Paris), Michaël Papazian, Dekorateur (Paris), Michèle Raineri, Verbandsvositzender (Epinal), Armand Sarian, Geschäftsleiter (Paris), Anne Sarkissian, Regisseurin (Paris), Jean Sarkissian, Immobilienmakler (Paris), Bernard Sarry, Praktizierender Arzt (Limoges), Aram Sédéfian, Autor-Komponist (Paris), Sarkis Tcheumlekdjian, Regisseur (Lyon), Chouchane Tcherpatchian Abello, Kostümschneiderin (Paris), Pascal Tokatlian, Schauspieler (Paris), Gisèle Tsobanian, Gründerin einer Kulturstiftung (Paris), Berge Turabian, Bibliothekar, Autor-Komponist (New-York), Claude Vartan, Rentner (Suresnes)

Inhalt

Einleitung	5
Im Osten: die armenische Familie	13
Mütterlicherseits der Genozid	13
Väterlicherseits das sowjetische Armenien	19
Im Westen: die türkische Familie	25
Mütterlicherseits die Balkankriege	25
Väterlicherseits Handel und Kemalismus	29
Die Zeit des Schweigens (die Jahre 50-60)	37
Schall und Wahn (die Jahre 70-80)	65
Die Armenische Frage liegt brach	87
Frankreich bezieht Stellung, die Welt rührt sich	106
Genozid – der eine spricht es aus, der andere nicht	127
Eine Geschichte, die man teilen sollte	149
Was wir gelernt haben	173
Ergänzungen zur Chronologie der Ereignisse	179
Bibliographische Hinweise	185
Anhang 1	192
Anhang 2	196